探究する学びをデザインする！

情報活用型 プロジェクト学習 ガイドブック

Project Based Learning

稲垣 忠 編著

JN048261

明治図書

まえがき

　問題を発見する力が大事だ，他者と協力して問題を解決できるようになってほしい，AI に負けない創造性を育みたい…私たち大人は自分たちを棚に上げて，随分と高度なことを子どもたちに求めているようです。変化の激しい現代社会を生きる私たちの不安，自信のなさを投影しているのかもしれません。

　高等学校では「探究」をキーワードに，新学習指導要領への準備が進められています。大学と連携するなどして，新たなテーマを開拓し，時に驚くべき成果を挙げる生徒たちがいます。私の研究室にもメールでの問い合わせや，関東から訪ねてきてくれた生徒もいました。嬉しく思う反面，学校現場を訪問した際に見かける，（少なくともその授業の中では）すべてを諦めてしまっているように見える生徒たちの姿とのギャップに戸惑いも覚えます。

　心理学者のエドワード・L・デシは，内発的動機づけを支える要素を，「自律性（autonomy）：行動を自分で選びたい」「有能性（competence）：行動をやり遂げる自信を持ちたい」「関係性（relatedness）：周囲の他者や社会とつながっていたい」の３つの基本的欲求からなる自己決定理論（SDT）を提唱しています。探究は，内発的動機づけなしには成り立ち得ない学びです。ひるがえって教科の学習はどうでしょうか。自分で何かを選ぶ機会はなく，やり遂げたかどうかはテストのみで測られ，教師の指導と児童生徒の（教師に向けた）努力に閉じた学びだけでは，いくら面白く，価値ある学習内容だとしても，内発的な動機づけを支えるのは難しいでしょう。「主体的・対話的で深い学び」の「主体的」は，内発的な動機づけだけを意味しているわけではありませんが，それなしでは，どんな手立てを講じたとしても，受け身で教師の敷いたレールに乗って「学ばせられる」児童生徒になってしまいます。

　教育学者の水越敏行氏は，学習者が科学的な法則や事象間の関係性等を自ら見つけ出す「発見学習」の研究から，学習には「一人立ちの発見」から「全面制御」までのグラデーションがあることを指摘しました。水泳に例えるなら，プールで特訓を受けた後，突然，大海原に放り出されてしまうのではなく，その間にはプールで自分の実力を試したり，海水浴場で泳いでみたり，同じゴールを目指して遠泳したりといった段階的な経験があるはずです。

プロジェクト型学習（PBL ＝ Project Based Learning）は，一人立ちした探究と受け身の学びの間に位置します。社会的に意味のある課題（ミッション）をクラスで共有し，グループで協働しながら，課題解決を目指します。かつて流行ったドキュメンタリー番組のように，総合的な学習（探究）の時間をフル活用した一大プロジェクトもありますが，本書で扱うのはもっと身近な「プチPBL」です。教科の一単元をプロジェクト化する手法とその実際を紹介しています。

　プチPBLを教育課程の中に散りばめておくと（教育課程すべてをPBL化すべきと言っているわけではないことに注意してください），どんなことが起こるでしょうか。子どもたちは，さまざまな教科でミッションを達成するために，何を解決すべきか考える機会が生じます。課題を解決するために，情報を集め，集めた情報を整理・分析します。ミッションはさまざまな他者（時には自分自身）にとって意味があるものですから，自分たちのアイデアが相手に伝わるよう，表現を工夫します。こうした一連のプロセスを何度も繰り返し経験しながら，探究する方法を獲得していきます。本書で「情報活用型PBL」と名付けたのは，プチPBLを通して，題材への理解を深めるだけでなく，学び方の技能である情報活用能力の育成を目指しているからです。情報活用能力は，一人立ちした探究や大プロジェクトへの挑戦を支える基礎になります。

　もうひとつ，プチPBLによって子どもたちが経験することがあります。教科で学んだことが自分たちの生活，校内，時には地域の中でどんな意味を持つのか，どう活かされるのか実感できることです。「社会に開かれた教育課程」は，総合的な学習（探究）の時間に地域と連携することや，地域の方々にボランティアで協力してもらうことだけではありません。教育課程全体を通して，学校で学ぶことが社会にどうつながっていくのかを実感し，よりよい社会を創るための礎になる力（資質・能力）を身につけることがゴールです。

　冒頭で「随分と高度なこと」と書きました。しかしながらこうしてみると，資質・能力の育成は，子どもたちの学びたい欲求に根差したものであり，各教科の学習と地続きにとらえられるはずです。本書は，この「情報活用型PBL」の視点から，探究的な学びをさまざまな教科で実践するためのガイドとして企画しました。

「理論編」では，プロジェクト型学習の歴史的経緯や現代における必要性，デザインの要点についてポイントをしぼって解説しました。校内研修等の説明資料にもご活用いただけます。

　「準備編」は，実際に単元をつくる流れを，順を追って学べるようにまとめました。単元デザインシート，学習活動カード，ルーブリックなど，子どもたちの探究する姿を思い浮かべながら授業をデザインするのに役立つツールを用意しています。単元デザインシートと学習活動カードは資料として巻末にまとめています。

　「実践編」では，小学校，中学校，高等学校で5事例ずつ，合計15の多様な教科での情報活用型PBLの具体例を収録しました。単元デザインシートやルーブリックの記入例，児童生徒の探究エピソード，学びの質を高める手立ての紹介などから，それぞれの実践の魅力と授業づくりのヒントを見つけてみましょう。

　本書が，皆さんの授業づくりのアイデアを広げ，子どもたちがワクワク感と達成感を持って未来を築いていく一助となることを願っています。

　2020年6月

稲垣　忠

※本書はJSPS 科研費 JP 16K01123およびJP19K03009の助成による成果を含みます。

Contents

まえがき　2

Chapter 1

理論編
探究し続ける人を育てる
情報活用型 PBL

1 変化する社会を生き抜く力　・10・

1　3つの変化　10
2　探究する・社会とつながる・ふりかえる　11

2 古くて新しい「探究」　・12・

1　探究の2つのルーツ　12
2　再び注目される PBL　12
3　さまざまな教科で「プチ PBL」してみよう　13

3 情報活用型 PBL をつくる NAD プロセス　・14・

1　情報活用型 PBL ができるまで　14
2　NAD プロセスで単元のプロトタイピング　14

4 探究の質を高めるために　・16・

1　気持ちの質　16
2　活動の質　16
3　思考の質　17

Chapter**2**

準備編
情報活用型 PBL による
探究デザインと学習ツール

1　探究の物語を描こう　　　　　　　　　　　　　　　　　　　・20・

　1　ミッションと成果物をイメージする　20
　2　探究の流れをシミュレーションする　21

2　探究の質を点検しよう　　　　　　　　　　　　　　　　　　　・23・

　1　成果物の質を「思考」と「表現」から考える　23
　2　学びのプロセスを支える情報活用能力　25

3　学びを助ける方法を工夫しよう　　　　　　　　　　　　　　・28・

　1　情報活用型 PBL と「主体的・対話的で深い学び」　28
　2　単元づくりからはじまるカリキュラムマネジメント　30

実践編

授業から評価までわかる
小・中・高等学校の情報活用型 PBL プラン

１行で紹介！小・中・高等学校の情報活用型 PBL プラン15事例　32

1　小学校の情報活用型 PBL プラン　　　　　　　　　　　　　　　・34・

1　1年・生活「きれいにさいたね」　34
　　年長さんを迎える会で，あさがおのたねと図鑑を渡そう

2　4年・社会「特色ある地いきと人々のくらし」　40
　　宮城県の特産物「ホヤ」のイメージアップ大作戦
　　―沖縄の小学生に「ホヤ」のよさを伝えよう―

3　4年・理科「電気のはたらき」　46
　　目的地まで速く自動でたどりつくモーターカーをつくろう

4　5年・保健「けがの防止」　52
　　みんなのけがを減らそう！

5　6年・国語「意見を出し合おう」　58
　　オリジナル愛知旅プランを提案しよう

2 　中学校の情報活用型 PBL プラン　　　・64・

6 　1年・国語「表現を考える」　64
中学校の定期試験を攻略する学習通信を作ろう

7 　1年・数学「資料の活用（データの活用）」　70
夏の暑さについて，地元の気温データを用いて分析し，調べてみよう

8 　2年・技術・家庭「エネルギー変換の技術」　76
消費者が乗りたいと思う電気自動車を開発しよう

9 　3年・社会「地球社会と私たち（さまざまな国際問題）」　82
同級生や後輩に国際問題の解決策について伝えよう

10 　3年・美術「社会問題を訴える—SDGs をもとにしたポスターづくり—」　88
身近な問題や，社会の問題等をポスターで伝える

3 　高等学校の情報活用型 PBL プラン　　　・94・

11 　1年・数学A「場合の数・確率」　94
宝くじから合理的な判断をしてみよう！

12 　1年・社会と情報「情報社会と問題解決」　100
学校の魅力を伝えるプロモーション動画を作ろう

13 　2年・現代社会「平等権の保障」　106
富士見 Diversity Week を開催しよう！

14 　3年・化学基礎「物質量と化学反応式」　112
二酸化炭素排出量を40％削減した生活を定量的に提案しよう

15 　3年・時事英語「英語による郷土紹介」　118
宮城県のことを英語で外国人に伝えよう

資料1　情報活用型プロジェクト学習　単元デザインシート　124
資料2　学習活動カード　126

あとがき　132
執筆者紹介　135

Chapter **1**

理論編
探究し続ける人を
育てる
情報活用型 PBL

1 変化する社会を生き抜く力

1 ３つの変化

　情報化，グローバル化，少子高齢化。高等学校の公民の教科書を見ると，現代の日本社会の変化を表す３つの特徴として記載されています。

　コンピュータやネットワーク等の情報技術の発展により，かつてない量の情報が流通し，私たちの意思決定や経済活動，コミュニケーションを変えたのが**情報化**です。世界の情報量は，2010年から2025年までの間だけで90倍増加するとされています（IDC 2018）。さらに，AI（人工知能）やロボットにより，働き方が変わったり，職業がなくなったり，新たな職種が生まれると言われています。子どもたちに「将来なりたい職業」をたずねても，その子が大きくなった頃，その職業はどうなっているのでしょうか。

　人や物の行き来が国を超えて盛んになるのが**グローバル化**です。海外で暮らす日本人の数は2018年で約139万人と過去最多となりました（外務省領事局政策課 2019）。一方，日本で暮らす外国人は2019年末で293万人とこちらも過去最多です（法務省出入国在留管理庁 2020）。クラスに外国籍の児童生徒がいることも当たり前になりつつあります。子どもたちが普段，使っている道具，目にする情報，食べ物，衣類等，実に多くの物が外国でつくられたり，外国産の原材料を使用したりしています。

　最後に**少子高齢化**です。日本の人口は明治時代の近代化とともに急激に増加しました。学校制度もこの時代に整えられました。2008年をピークに減少に転じています。2018年には１年で44万人が減少しました（厚生労働省 2019）。特に山間部や地方では人口減少が激しいだけでなく，年少者の割合が低いため，地域のシンボルである学校の存続が難しくなっています。

　どのように働き，どのように暮らし，地域社会を誰とつくり，どのように一生を終えるのか。変化の波が大きい社会は **VUCA**（Volatility：不安定さ，Uncertainty：不確実さ，Complexity：複雑さ，Ambiguity：曖昧さ）とも呼ばれています（山口 2019）。2015年の国連サミットで採択された「持続可能な開発目標」（**SDGs**）の通り，世界には解決すべき課題が山積しています（Think the Earth 2018）。その一方で，現代の子どもたちは，２人に１人が100歳以上，つまり22世紀まで生きると予測されています（グラットン＆スコット 2016）。変わりゆく社会の中で学校は，どのような学びの場になっていけばよいのでしょうか。

【SDGs17の目標】

2 探究する・社会とつながる・ふりかえる

　変化し続ける社会を生きていくには，課題を見つけ，自分で学びを組み立て，実行できること，周囲の人や社会と関わり，変化を生み出していく主体であること，自分（たち）の判断や行動を絶えず振り返り，修正・改善するといった力が大切です。2020年からはじまった学習指導要領には，「資質・能力の育成」「社会に開かれた教育課程」「主体的・対話的で深い学び」といったキーワードが掲げられています（文部科学省 2017）。これらの詳説は他書に譲りますが，前文には次のような一節があります。変化し続ける社会に対して，学び続ける存在として子どもたちを送り出していく決意表明と言ってもよいでしょう。

> 一人一人の児童（生徒）が，自分のよさや可能性を認識するとともに，あらゆる他者を価値のある存在として尊重し，多様な人々と協働しながら様々な社会的変化を乗り越え，豊かな人生を切り拓き，持続可能な社会の創り手となることができるようにする
> 【小・中・高等学校学習指導要領（平成29・30年告示）前文より】

　教科を中心とした学習内容の習得度合いを「学力」とやや狭く定義するならば，学びの見通しを立てたり，他者と協働したり，粘り強く取り組んだりする姿勢などを含む，より広い概念が「**資質・能力**」（コンピテンシー）です。資質・能力を育てるために，子どもたちが学習内容＝「何を学ぶか」だけではなく，学習方法＝「どのように学ぶか」を，意識して授業を改善するために「**主体的・対話的で深い学び**」が提唱されました。さらに，学びの成果を自分自身や社会にどう活かすのか＝「何ができるようになるか」を見据えた学習経験を積み重ね，未来の創り手となる子どもを育てる「**社会に開かれた教育課程**」の実現が目指されています。

　コンピテンシーを重視する動きは国内だけではありません。経済協力開発機構（OECD）は「Education 2030」において「新しい価値を創造する力」「緊張とジレンマの調整力」「責任をとる力」の3つを，これからの社会を「生き延びる力」と定義しました（OECD 2018）。

　本書が提案する「情報活用型プロジェクト学習」では，教科の学びを大切にした上で，次のような資質・能力の育成につながる学習経験を提供することを目指しています。

①**探究する**：実現したい願いに向けて課題を見つけ，情報を集め，整理・分析し，まとめ・表現するプロセスを通して課題を解決する

②**社会とつながる**：学習過程で他者との役割分担や意見調整をしたり，学習成果を他者や社会に発信したりする

③**ふりかえる**：自分（たち）の取組を確認し，学習過程で目標や計画を再調整したり，学習成果の意義や自分の成長・変容を確かめたりする

2 古くて新しい「探究」

1 探究の2つのルーツ

　探究（inquiry）とは，どのような学びでしょうか。2つのルーツを確かめておきましょう。米国の教育哲学者 J. デューイは，（1）問題状況，（2）問題の設定，（3）問題を解決する仮説の提示，（4）推論による仮説の再構成，（5）実験と観察による仮説の検証の5段階を探究ととらえ，思考の基本形としました（Dewey 1951）。問題状況に対して，学習者自らが仮説や見通しを持ち，解決方法を検討し，実施した結果を考察するサイクルと言い換えてもよいでしょう。

　もうひとつのルーツは，図書館利用における**情報リテラシー教育**です。課題に役立つ図書資料を探し，読み取り，自分の考えをつくり，レポート等にまとめる流れは，先ほどの探究のサイクルと共通した流れがあります。クルトーの「ガイドされた探究」は，「出会う」「入り込む」「探索する」「特定する」「統合する」「創造する」「共有する」「評価する」の8段階で構成されています（Kuhlthau 2007）。他にも塩谷（2014）による「つかむ・さがす・えらぶ・まとめる」の4段階など，さまざまなモデルが提唱されてきました。

　いずれにしても，探究は何らかの指導方法というより，問題解決に至る一連の**学びのプロセス**です。1時間の授業で完結することはなく，数時間，数週間，数か月続くこともあります。大学のゼミでの卒業論文の執筆をイメージするとよいでしょう。

2 再び注目される PBL

　探究に誘う指導法として **PBL**（Project Based Learning：**プロジェクト型学習**）が近年，注目されています。とはいえ，目新しい手法というわけではありません。デューイの思想を受け継いだキルパトリックが「プロジェクト・メソッド」を提唱したのは1918年と約100年前に遡ります（Kilpatrick 1967）。日本でも大正自由教育運動や戦後新教育に影響を与え，近年では総合的な学習（探究）の時間のモデルとしても参照されました。

　米国の教育ドキュメンタリー映画「Most Likely To Succeed」では，カリフォルニア州サンディエゴのチャータースクール「ハイテク・ハイ」で学ぶ生徒たちが PBL に夢中になり，変容していく姿が描かれています（Wagner & Dintersmith 2015）。筆者も2018年に仙台で上映会を開催し，2019年には同校へ訪問する機会にも恵まれました。他にもミネソタ州の「ミネソタ・ニューカントリー・スクール」ではじまった「エドビジョン型 PBL」（上杉 2010）や「PBL works」（https://www.pblworks.org）による研修プログラムなど，さまざまな PBL が推進されています。

　PBL は探究学習を実施する指導法の1つです。卒業論文のように個人テーマで取り組む探

究とは異なり，クラスでテーマを共有し，何かしらのゴール（本書では**ミッション**と呼びます）に向けて，グループあるいは個人で具体的な課題を設定し，探究します。「ミッション」とは，子どもたちが実現したい「願い」です。「この勉強は何のためにするの？」「今勉強していることは将来役に立つの？」といった疑問は，昔から子どもたちが繰り返してきました。ミッションが子どもにとって真に共感するものであれば，プロジェクトの達成が**自己実現**になり，そのまま学ぶ目的になります。

　ミッションには，社会的な側面もあります。「校内でけがの防止を呼びかけるポスターを作る」プロジェクトであれば，ポスターが出来上がっておしまいではありません。掲示され，見た人からの感想や，けがの件数が減った時に願いが成就します（「成功体験」だけが価値を持つわけではありませんが）。プロジェクトは興味・関心の追究だけでなく，成し遂げる過程で得る**社会的な経験**にも価値があります。新学習指導要領が目指す「社会に開かれた教育課程」を実現する手法の1つとしても，PBLは再び注目されています。

3　さまざまな教科で「プチPBL」してみよう

　2022年からはじまる高等学校の学習指導要領では「総合的な探究の時間」の他に「古典探究」「地理探究」「理数探究」といった「探究」を冠した科目が複数設置されました（文部科学省 2018）。個別課題に取り組む探究と比べると，PBLはクラスでテーマを共有する分，教師側で見通しが立てやすく，教科の色も出しやすいものです。

　探究科目や従来の教科にPBLを取り入れることで，子どもたちが主体的に探究し，他者・社会と関わる機会を増やすことができます。教科を学ぶ意味を実感できるだけでなく，課題の立て方や調べ方，まとめ方といった学び方を身につける機会にもなります。どんな教科でもPBLを取り入れることは可能ですが，あらゆる単元がPBLに向いているわけでもありません。PBLは時間がかかる指導法ですから，1年の中でもっともPBL向きと思った単元からはじめます（単元の選び方はChapter2参照）。

　国際的なプロジェクトや企業や大学と連携した大規模（派手な？）PBLを常に目指す必要はありません。むしろ，教科の単元をベースに課題の投げかけ方や学習成果物をつくるプロセスを一工夫した「プチPBL」をさまざまな教科で行うことを本書では推奨します。「学ぶことは探究することだ」「普段の教科の学びが実社会の問題解決につながることもある」と子どもたちが気づいたとしましょう。いざ，子どもたちが「総合的な探究の時間」等で本格的に探究する際にも，あるいは卒業した後，VUCA社会を生きていくにも，プチPBLを繰り返し経験する中で身につけた学び方や，教科の知識や見方・考え方を活用した経験はきっと支えとなることでしょう。

3 情報活用型 PBL をつくる NAD プロセス

1 情報活用型 PBL ができるまで

「子どもたちが主体的に情報を集め，吟味し，じっくり考えて編集，創造し，切実感を持って他者と伝え合う授業」

2008年に菅原弘一先生（現仙台市立錦ケ丘小学校長）と筆者で「**情報活用型授業を深める会**」（通称：ジョーカーの会）を立ち上げた際に考えたコンセプトです。授業を議論する中で教師の指導技術ばかりが話題になり（それはそれで大事ではありますが），子どもが本気で学ぶ姿に根差した授業研究をするサークルをつくろうとしました。ジョーカーの会では宮城県を中心とした小中高の先生方とともに，図書館の情報活用，放送番組や映像メディアの活用，ルーブリック評価，シンキングツール，PBL などさまざまな題材でワークショップを開催してきました。筆者の専門とする授業設計（**インストラクショナルデザイン**）の理論（稲垣 2019）とこれらの知見を結びあわせていく中で，常に問い直し続けてきたのは次の3つです。

①1時間の授業研究から子どもの学びに立脚した**単元レベルの授業デザイン**にどう移行すればよいか

②子どもが本気になる課題設定と教科の学びの深まりを両立する**教材研究**はどうあるべきか

③子どもの探究を支える技能や態度である**情報活用能力**を教科横断的に育てるにはどうすればよいか

1時間の授業アイデアの議論から単元デザインの議論へと発展していく際，モデルになったのが PBL でした。ワークショップの積み重ねから PBL 単元をデザインする手法が次第に明らかになり「**情報活用型 PBL**」と名付けました。現在の学習活動カードを用いた情報活用型 PBL のデザインワークショップは，全国の教育センター，校内研修，授業づくりサークル等で開催され，2020年1月時点で60か所，延べ3000名ほどの先生方に参加いただいています。

2 NAD プロセスで単元のプロトタイピング

情報活用型 PBL のデザインワークショップでは，単元設計に集中するため，従来の指導案の作成は行いません。単元計画も表形式ではなく，学習活動カードを使って単元の子どもの学習過程の全体像をとらえるところからはじめます。指導案作成を PDCA 型の堅実な（けれども時間がかかる）授業設計とすると，学習活動カードを使った単元設計はデザイン思考によるプロトタイピングが特徴です。**デザイン思考**とは，スタンフォード大学のチームによって開発された問題解決の考え方です（ウ 2019）。対象者と深く共感した上で問題を定義し，不完全で

も使える試作品（**プロトタイプ**）を素早くつくり，対象者の反応をもとによりよいものにしていきます。PBL は，プロジェクトのミッションと学習者が取り組む成果物のイメージが決まれば，大枠は整います。授業設計では「**逆向き設計**」という考え方があります（Wiggins & McTighe 2012）。学習のゴール（プロジェクトの場合は学習者がつくる成果物）が何を満たしているべきかを具体化し，逆算的に学習の流れを考えるのです。PBL では，学習者が主体的になればなるほど，追究が止まらなくなったり，逆に行き詰まって浅い段階に留まったりします。逆向き設計でプロジェクトのプロトタイプをつくり，**ブレないゴール**をしっかり意識しながら，学習者の反応をもとに柔軟に指導の手立てを調整し，学習者と共に学習の見通しを具体化していけばよいのです。

　プロジェクトの大枠を決め，探究プロセスを学習者目線で具体化し，内容の深まりや学習者に必要なスキルを整理し，最後に対話場面や指導の手立てを考え，単元のプロトタイプを作成する流れを **NAD プロセス**と名付けました。

①**物語る（Narrate）**→プロジェクトのミッションと子どもがつくる学習成果物を想定します。ワークショップでは，「**学習活動カード**」を用いて子どもの探究プロセスをできるだけ具体的にシミュレーションします。

②**分析する（Analyze）**→教科の単元目標をもとに，学習成果物の質を保障する内容（思考）と見た目（表現）の2観点の**ルーブリック**を作成します。また，プロジェクトを遂行する過程で子どもが必要とする学習スキル（情報活用能力）を検討します。

③**仕込む（Design）**→収集・編集・発信の3ステップからなる探究プロセスに子どもたちを誘い，対話やふりかえりの機会を設け，学習環境を整え，指導方略とタイミングを明確化し，単元の授業時数を見積ります。

　ワークショップを繰り返し実施した結果，これらの「物語る」（N）「分析する」（A）「仕込む」（D）の3段階で単元を開発するとうまくいくことが明らかになりました。4〜6時間程度で単元のプロトタイプを作成することができます。ステップの詳細は Chapter2で解説します。

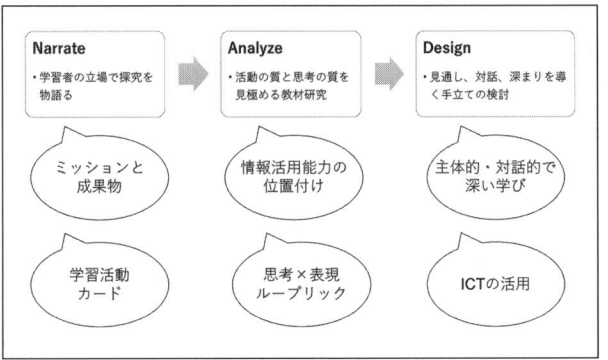

【NAD プロセスによる単元のプロトタイピング】

4 探究の質を高めるために

　PBLを授業に取り入れてみると，教師の予想以上に子どもたちが盛り上がり，期待を超える姿を見せることがあります。逆に，表面的にやるべきことをこなすだけの受け身のプロジェクトに陥ることもあります。せっかく盛り上がっても，探究の前提となる知識を軽視していると，何を学んだのかわからない「活動あって学びなし」と批判されるかもしれません（Christodoulou 2019）。情報活用型PBLでは，質の高い探究に子どもたちを導くため，次の3つの質を問うことが重要だと考えています。

1 気持ちの質

　PBLを実践するいちばんの理由は，子どもに学ぶ目的を与えることです。ミッションが子どもにとってワクワクするものでないと，意義あるプロジェクトにはならないでしょう。ケラーの **ARCSモデル** は，Attention（注意），Relevance（関連），Confidence（自信），Satisfaction（満足）の4つの視点から学習者の動機づけを高める方法を理論化しています（Keller 2010）。ミッションへの導入だけでなく，学習計画を自分事としてとらえること，課題の難易度，発信場面のフィードバックまで，単元を通して子どもたちがプロジェクトに熱中できるよう支援するのは教師の重要な役割です。

　ミッションに対する意識を高める際，PBLでは「○○に提案しよう」「△△に伝えよう」のように相手を想定します。バーガーの **聴衆の階層モデル** を参考に，教師に伝えるレベルを最下層に，保護者，校内，地域，専門家と階層を上げるにつれて，高いモチベーションと熱意をもったプロジェクトになると言われています（Berger 2014）。

【聴衆の階層モデル】

世界に貢献する
批評できる人に伝える
学校外の人に伝える
学校内の人に伝える
保護者に伝える
課題のために教師に伝える

範囲が広くなるにつれて

2 活動の質

　図書で調べる際，目次や索引を使うと素早く情報を見つけることができます。誰かにインタビューをする際，事前に下調べをし，質問の内容や順番を工夫して，聞かないとわからないことに迫ります。アンケートの選択肢にはどんな配慮が必要か，集めた大量のデータをどう整理するか，効果的なプレゼンテーションの仕方，参考文献の書き方等々，探究を遂行するには，教科の内容的な知識とは別に，学び方に関する技能が求められます。新学習指導要領では「**学習の基盤となる資質・能力**」として，言語能力，情報活用能力，問題発見・解決能力が例示されました。中でも **情報活用能力** は，課題を設定し，情報を収集し，集めた情報を整理・分析し，

知見をまとめ・表現する一連の探究プロセスを支える力です。2節で探究のルーツとして挙げた情報リテラシー教育が該当します。その際，ウェブ検索や表計算ソフトでの分析，文書作成やプレゼンテーション，動画で表現するといった ICT を探究の手段として活用することや，情報発信のマナーや著作権，個人情報などの情報モラル・セキュリティも含みます。なお，2020年から小学校段階に新たに導入されたプログラミング教育もコンピュータの仕組みや考え方を理解して問題解決に役立てる情報活用能力の一部です（文部科学省 2019）。

　情報活用型 PBL では，収集・編集・発信の各場面でプロジェクトを遂行する際に発揮されるスキルと，当該単元で指導すべきスキルとを区別しています。情報活用能力として身につけるべき事項は，学習指導要領上は各教科に分散して記述されているため，教科を横断して系統的に育成します。

3　思考の質

　プロジェクトに動機づけられ，探究を遂行する技能を身につけていたとしても，肝心の探究の中身を充実させるには，子どもたちが十分に思考を働かせることが不可欠です。探究過程では，どんな課題を立てたらよいか，集めた情報は確かなのか，情報を比較して何がわかったのか，相手に伝わるためにどう表現するか，といったさまざまな思考を働かせます。

　各教科の「**見方・考え方**」は，その教科らしい学びの深まりの軸になるものです。情報活用型 PBL では，特にグループで協働して情報を整理・分析し，表現する「編集」場面で，見方・考え方を働かせる手立てを工夫します。情報の比較・分類や，関連づけといった思考を支援する**シンキングツール**（情報の関係を図式化したもの。黒上（2019）を参照）を使うにしても，どんな視点を与えるのか，あるいは見つけさせるのかを教師が見極めるには，十分な教材研究が必要です。

　もうひとつは，**メタ認知**（自己の学習状況を認知すること）の重要性です（ファデルら2016）。PBL は，学習過程を単になぞるのではなく，「今，自分はどの段階なのか」「何を目指していて次はどうしたいか」を意識することで，学びへのオーナーシップ（当事者意識）を高めます。自己評価，相互評価の機会

【自己調整学習のサイクルと授業の手立て
（伊藤2009，p.137より作成）】

を設け，進捗状況を振り返り，その後の学習計画を点検します。**自己調整のサイクル**（Zimmerman & Schunk 2006）を回していくために，単元を通して学習経過をポートフォリオに記録し，単元の最後に学んだこと，自己の変容等を振り返ります。

Chapter 2

準備編
情報活用型PBLによる
探究デザインと
学習ツール

1 探究の物語を描こう

1 ミッションと成果物をイメージする

❶追究しがいのあるミッション

　単元を構想する際，真っ先に考えるのは**ミッション**（①，以下 p.22 の単元デザインシートの番号と対応），つまり，子どもたちがプロジェクトを通して何を実現するかです。「１年生を招待して○○パーティーを開こう」「校区にある○○川をきれいにしよう」など，「○○しよう」と**子どもたちと願いを共有できる表現**にします。

　プロジェクト化する単元の目処がついている場合は，その単元で学んだことをどんな場面に活用できそうか考えます。教科が決まっていても単元で迷っている場合，実社会の問題解決につながりやすい，地域に関連する題材がある，多様なアイデアが出てきそうかどうかを単元選びの基準にするとよいでしょう。ゼロから考える時には，教科書の単元の扉や単元末に描かれている絵や発展課題には，プロジェクトの題材になるヒントがたくさんあります。地域や学校の行事，特色あるモノや最近話題になっていることなど，子どもたちが興味を持ちそうなところからミッションを思い浮かべてみてもよいでしょう。

　いずれにしても，ミッションは子どもたちが「本気になれる」ものにしたいところです。ミッションの魅力には，次の３種類の魅力のタネを意識して考えてみましょう。

- ・**つくる魅力**→劇や動画づくりなど，つくることそのものにワクワクできる
- ・**相手の魅力**→海外の友だち，その道の専門家など，伝えたい・交流したい相手がいる
- ・**問題解決の魅力**→町おこし，校内の課題，SDGs など，解決したい問題に共感できる

❷成果物をイメージする

　情報活用型 PBL では，学びの成果物（②）を新聞，プレゼンテーション，劇，動画，工作など，さまざまな形に表します。学習活動カード（資料２，p.126参照）では「**表現**」として８種類の成果物を紹介しています。カードにないアイデアが浮かんだら，オリジナルのカードをつくってみましょう。どの成果物を選べばよいのかは，次の２つの視点から考えます。

①**ミッションとの相性**：「外国人観光客に京都の食をアピールしよう」というミッションがあるとします。街を歩く観光客に「プレゼン見てください！」「今から動画を見せるので感想もらえますか？」では迷惑になるかもしれません。パンフレットを手渡しする，ポスターを掲示するなど，ミッションに向いた成果物を選びます。

②**教科のねらいとの相性**：「家庭のゴミ減量 CM をつくろう！」というミッションを想定し，CM でゴミの分別が大事であることを，キャッチコピーの連呼で表現していたとします。CM から，社会科の学習が深まっているかどうか判断できるでしょうか。新聞やプレゼンテーションにまとめていれば，後で作品をみた時に教科の学びになっていたかどうかわかります。

2 探究の流れをシミュレーションする

❶学習活動カードを並べてみよう

NAD プロセスの N：narrative（物語る）として，探究の流れを描きます。**子どもの立場になりきる**ことが大切です。教師の目線で手立てや支援を考えるのは後回しでかまいません。探究が学習者にどんな思考や価値をもたらすのか，もっとも本質的な部分から検討します。クラス全体ではなく，子ども個人あるいは 1 つのグループを想定し，できるだけ具体的に考えます。

はじめに，「**課題づくり**」カードを「収集エリア（③）」に，「**ふりかえり**」カードを「発信エリア（⑤）」に置きます。ここでの「課題」は，個人やグループでミッションを達成するために**具体的に明らかにしたいこと**です。先の社会科のミッションなら「家庭ごみを減らすにはどうすればよいだろうか」といった具合です。「ふりかえり」はプロジェクトの最後に子どもたちがどんな気持ちで振り返るのかを成果物や伝える相手からの反応をもとにイメージします。

次に，収集・編集・発信の場面それぞれに使用するカードを並べていきます。**収集場面**（③）では，課題解決に役立つ調べ方のカードを 2，3 枚選びます。カードの数を増やすよりも，**少なく，具体的に**考えます。図書で調べるのであれば，実際に使えそうな本を探してみる，アンケートをとるなら項目案をつくってみるとよいでしょう。

編集場面（④）には，「整理・分析」と「表現」の 2 種類のカードが含まれます。「**整理・分析**」では集めた情報をどのように整理するのか，言い換えれば情報をもとに思考する際の「型」を選びます。ここで教科の「**見方・考え方**」と関係づけておくと，プロジェクトの学びがその教科で大事にしたい思考とつながります。「**表現**」は，ミッションとあわせて設定した**成果物**のカードを選びます。「思考・判断・表現」と言われるように，思考と表現は切り離すことが難しいものです。整理・分析をすっかり終えてから表現するというよりも，表現を意識して情報を整理したり，表現しはじめたら別の整理の仕方に気づいたりすることもあるため，「編集」にひとまとめにしています。

発信場面（⑤）は，成果物の「使い道」を具体的に考えます。新聞にまとめても，ただ掲示しておくだけでは学びにはなりません。プレゼンテーションも知っている人だけの内輪の発表会では新たな気づきを得ることは少ないでしょう。伝える相手が誰であり，どんなフィードバックを得たいのか検討します。

カードは「課題づくり」「ふりかえり」もあわせて**10枚以下**にしておくことをお勧めします。流れはできるだけシンプルにして，個々のカードから考えることを濃く，具体的にします。カードを並べただけでも，およそどのような探究の道のりになりそうか，イメージできたと思います。次に，カードの下の方には「**問いかけ**」が 2 つずつついています。問いに対応する学習者の具体的なイメージを付せんに書いて貼り付けます。50mm ×10mm の小さな付せんを使います。カードに貼るのにちょうどよいだけでなく，たくさんの情報を書き込めないことで，

単元全体の流れに意識を向けやすくしています。

❷プロセスに名前をつけて点検しよう

　　最後に，「収集」「編集」「発信」のそれぞれの場面に一言で伝わる名前をつけます（単元デザインシートのオ，カ，キの部分）。単元を細かくした小単元の名前をつけるイメージです。「○○について取材しよう」「○○を比べて△△にまとめよう」のように使用したカードをもとに学習活動に名称をつけます。子どもに伝える際の学習活動のまとまりを意味します。

　　ここまでで，情報活用型PBLのアウトラインは完成です！点検しておくべきことをリストアップしておきました。

> **チェック1**：ミッションは子どもたちが実現したいと願うものかどうか
> **チェック2**：成果物はミッションや教科のねらいに対応し，多様なものになるかどうか
> **チェック3**：カードは10枚以内，「課題づくり」「ふりかえり」を含んでいるかどうか
> **チェック4**：カード下部にある「問いかけ」に答えを付せん等で書いているかどうか
> **チェック5**：収集，編集，発信の3つの場面の名前から学習の流れがわかるかどうか

情報活用型プロジェクト学習　単元デザインシート

ア.学年・教科：	イ.単元名：

ウ.プロジェクトのミッション（児童・生徒がめざすこと・目的・願い） ①ミッション	エ.期待する成果物（どんな内容をどんな表現手段で？） ②成果物

オ. 収集（　　　　　　） ③収集エリア 課題づくりと収集のカード	カ. 編集（　　　　　　） ④編集エリア 整理・分析と表現のカード	キ. 発信（　　　　　　） ⑤発信エリア 発信とふりかえりのカード

ク. 情報活用能力（○この単元で育成したい　□この単元で発揮してほしい）

□ ○	□　　⑥情報活用能力 ○	□ ○

ケ.授業展開・教師の手立て

⑦指導方略

（　　）時間　　　　　　（　　）時間　　　　　　（　　）時間

【単元デザインシートの構成要素】

2 探究の質を点検しよう

1 成果物の質を「思考」と「表現」から考える

　情報活用型 PBL が子どもにとって魅力的なだけではなく，学習としても価値あるものにするために，「成果物」と「プロセス」の2つの視点から学びの「質」を考えます。NAD プロセスのＡ：analyze（分析する）段階に入ります。

　成果物の質的な差異を可視化するために**ルーブリック**を作成します。ルーブリックとは，学習成果や活動の様子などに対して，評価する観点と基準を定め，表形式に表したものです。下の表は「食料自給率アップにつながる食卓改善計画を提案しよう」というプロジェクトのルーブリックです。

	S	A	B	C
思考	自給率低下の要因を貿易・環境・産業・生活を相互に関連づけ，家庭でできることを主張している	自給率低下の要因を貿易・環境・産業・生活を相互に関連づけて説明している	自給率低下の要因を貿易・環境・産業・生活のいずれかを取り上げているが関連づけられていない	自給率低下の要因を誤った情報や誤解に基づいて説明している
表現	相手にどう伝わるかを意識して，資料の選び方や見せ方，順番等を工夫している	伝えたい内容に合った資料を適切に選んでいる	グラフや写真を入れているが，伝えたい内容とのズレや冗長な表現がある	グラフや写真などの資料を使っていない

　情報活用型 PBL では，単元構想の時点で「思考」と「表現」の2つの観点でルーブリックを作成します。「**思考**」は成果物の内容面を，「**表現**」は成果物の見た目についてです。子どもがつくるプレゼンテーションを見ていると，見た目は綺麗に仕上げられているのに中身に課題があったり，内容はとてもよく構成されているのに文字ばかりで伝わらなかったりする作品があります。一般的にルーブリックは観点を増やした方が丁寧な評価ができますが，単元を構想する段階としてもっとも重要だと思われる観点にしぼって作成することで，ブレない授業づくりを目指します。ただし，プレゼンテーションでもスライドの中身と口頭での表現のように異なる場面が学習成果に関わる場合，「表現」のみ観点を2つにする場合もあります。実際に授業の中で子どもが自己評価や相互評価するためにルーブリックを使う場合，このルーブリックを噛み砕いたものを用意するとよいでしょう。

ルーブリックの基準はＳ，Ａ，Ｂ，Ｃの４段階で作成します。それぞれ次のような意味が あります。どの段階から作成してもかまいませんが，Ａ〜Ｃは単元の指導事項をもとに思考で あれば理解の程度の差異を，表現であれば技能の使い方の差異を言葉で表現します。学習活動 カードの「整理・分析」で選んだカードと「表現」で選んだカードと対応するので，選んだカー ドや付せんに書いたことと，ルーブリックの文言との間に矛盾がないか点検します。ルーブ リックをつくってみて，カードを選び直してもらってもかまいません。

Ｓ：ミッションや成果物にあわせた創意工夫がある
Ａ：単元の学習目標に到達した段階（評価規準）を満たしている
Ｂ：身につけた知識や技能を活用してはいるが十分ではない
Ｃ：全く指導することなくつくられた成果物に起きそうな状況

　筆者が運営しているウェブサイト「**ルーブリックバンク**」には，ルーブリックの例やプロジ ェクトのアイデアを豊富に掲載しています。IDの発行を申請いただければウェブ上でルーブ リックを作成することもできます。あわせてご活用ください。

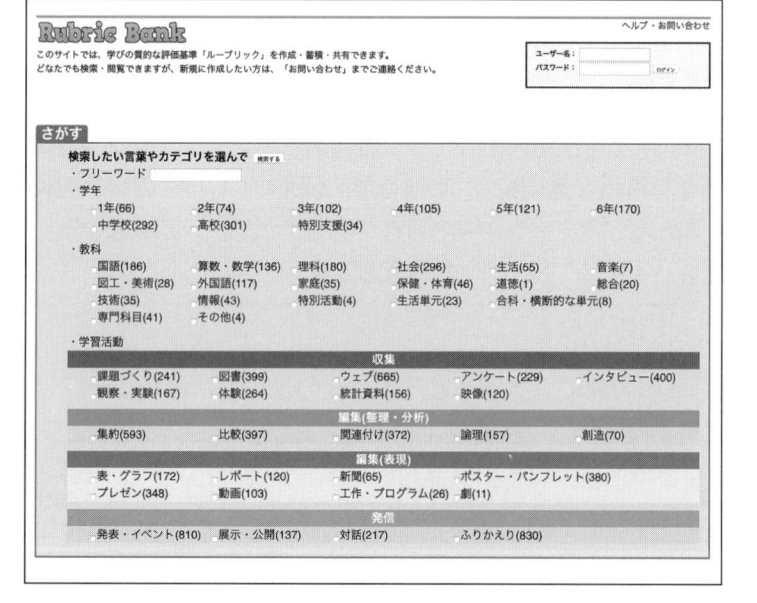

http://www.ina-lab.net/special/rubric/

2 学びのプロセスを支える情報活用能力

　子どもたちの探究を深く，豊かなものにするために，成果物の質だけでなく，学びのプロセ
ス，つまり情報を収集，編集，発信する過程に着目してみましょう。図書資料で調べる際，図
書館で適当に見つけた本を頭から読んでいるだけでは，必要な情報を見つけ出せなかったり，
時間がかかりすぎたりします。図書の分類法を手掛かりに棚を選ぶ，手に取った本の目次や索
引を使う，奥付でいつ頃の本なのか確かめるといったスキルが情報の収集を確かなものにしま
す。集めたデータをグラフに表す，プレゼンテーションの配色を工夫する，著作権や肖像権に
配慮して成果物をつくるなど，探究プロセスを支えるスキルにはさまざまな要素が含まれます。
こうした力を総称して「**情報活用能力**」と呼びます（Chapter1　4節参照）。新学習指導要領
では「学習の基盤となる資質・能力」のひとつとして，教科を横断して育成するとされていま
す。図書館の使い方は国語科で，データの分析の仕方は算数・数学科で，問題解決はどのよう
なものであるかや，プログラミング等のコンピュータならではの問題解決を高等学校の情報科
で学びます。

　情報活用型PBLは，この情報活用能力を探究の過程で身につけたり，発揮したりする機会
を確保します。単元デザインシートの情報活用能力の欄（⑥，p.22参照）に，

□**発揮→**習得済みで活用することが期待されるスキル
○**育成→**プロジェクトを進める上で，習得が必要と思われるスキル

を記載します。収集，編集，発信のそれぞれには複数のカードを配置していると思いますが，
子どもが探究する様子をイメージしながら特に重要と思われるものを選びます。「発揮」と
「育成」が異なるカード（活動）になってもかまいません。

　次ページは，仙台市教育センターと共同開発した小中学生の情報活用能力の目標リスト（仙
台市教育センター　2019）に高等学校段階を加えたものです。学習活動カード（p.127，p.129，
p.131参照）に記載されているA3，B5といった記号はこの表と対応します。レベル1から
レベル4には対応する校種が書かれていますがあくまで目安です。子どもの実態や教科単元の
特性にあわせてアレンジしてください。単元デザインシートでは，「A3L1」（A3のレベル
1）のように記載します。

	学習内容	レベル1（小学校下学年）	レベル2（小学校
活動スキル	A1 記録と編集	写真や動画の撮影，音声の記録ができる	写真や映像，音声の加工・
	A2 PCの操作	ローマ字で文字入力ができる	ファイルの管理ができる
	A3 ウェブ検索	キーワードで検索できる	サイトの構造を理解して情
	A4 図書利用	図書館内にある本を見つけられる	目次や索引を活用して情報
	A5 インタビュー	質問を用意することができる	下調べをしてインタビュー ぶことができる
	A6 アンケート	何を聞くか質問を考えられる	目的にあった質問の形式や
	A7 メモ	大事だと思ったところを短い言葉で書くことができる	箇条書き・単語でポイント
	A8 口頭発表	（物を見せながら）大きな声でわかりやすく話す	（資料を効果的に示しなが 抑揚など伝え方を工夫でき
探究スキル	B1 取捨選択	課題解決に役立つ情報を選ぶことができる	選んだ根拠を説明すること
	B2 読み取り	ひとつの資料から視点を持って情報を読み取る	複数情報から共通・相違点
	B3 創造	情報からわかったことをまとめられる	情報を組み合わせて新たな とができる
	B4 伝達内容の構成	話の順番を組み立てることができる	相手を説得するために論理
	B5 表現の工夫	メディアに応じた工夫ができる	伝えたいことに応じて表現
	B6 受け手の意識	相手を意識して伝え方を工夫する	相手の反応を見て伝え方や とができる
	B7 学習計画	決められた計画に見通しを持つことができる	自分で計画を立てることが
	B8 評価と改善	学びを振り返ることができる	ふりかえりをもとに次にや 考えられる
プログラミング	C1 物事の分解	物事を部品に分けてとらえることができる	部品を組み合わせて物事を
	C2 情報の分類	情報を決められた観点に分類・整理できる	観点を考えて情報を分類で
	C3 情報の関係づけ	情報と情報の間にある関係に気づくことができる	情報と情報の関係を図やプ きる
	C4 問題解決の手順	問題解決の流れを手順に表すことができる	問題解決の手続きを順序・ どを組み合わせて表現でき
	C5 試行錯誤	うまくいかない時に繰り返し取り組もうとする	試作やシミュレーションを 方向性や改善策を見いだす
	C6 データの傾向	大まかなデータの傾向を見いだすことができる	データの変化をとらえて説
	C7 情報技術の将来	新しい情報技術がどんなものか知る	新しい情報技術にどう関わ
情報モラル	D1 コミュニケーション	相手によって受け止め方が違うことを理解する	発信する情報に責任を持つ
	D2 法と権利	人のつくった作品や情報を大切にする	著作権や肖像権に留意して
	D3 健康と安全	情報機器を使ってよい場所や時間を守る	情報機器を使う場所や時間 る
	D4 ルール・マナー	ルールやマナーが必要であることを理解する	ルールやマナーを相手と一
	D5 セキュリティ	パスワードを安全に管理する	なりすましやウイルスなど
	D6 個人情報	自他の情報をむやみに他人にもらさない	自他の情報が伝わる範囲を
	D7 情報社会の将来	情報社会の特色を理解する	情報社会の中でどう生きて

上学年）	レベル3（中学校）	レベル4（高校）
編集ができる	目的や情報の種類に応じてアプリケーションを選択，活用できる	複数のアプリケーションを組み合わせて情報を編集することができる
	クラウド等を用いた協働作業のためにコンピュータを活用できる	クラウド等を用いてデータを安全に管理・活用することができる
報を見つけられる	AND，OR など条件を工夫して検索できる	目的に応じてデータベースや検索サービスなどを使い分けることができる
を見つけられる	図書・新聞データベースを活用して必要な本や記事を見つけられる	文献データベースを活用して必要な文献を見つけられる
するべき質問を選	インタビュイーが答えやすいように質問の順番を工夫することができる	インタビュイーの考えを引き出すために追加の質問ができる
内容を考えられる	集計・分析できるように適切な設問文や選択肢を作成できる	設問を組み合わせた集計・分析を想定して設問の形式や選択肢を考えることができる
をまとめられる	書く場所や矢印・強調などで工夫できる	メモをとるべき場面を主体的に判断し，適切な方法で記録することができる
ら）身振りや声のる	（資料を活用しながら）聴衆とのやりとりなどの伝え方を工夫できる	オンラインサービスの特質に応じて伝え方を工夫する
ができる	信頼性や信ぴょう性を考えて情報を選ぶことができる	重要度や代表性を考えて情報を階層化することができる
を見つけられる	複数情報から矛盾点や欠けている情報を見つけられる	複数情報から仮説を生成したり，推論することができる
意味を見いだすこ	情報を多面的に見て新たなアイデアを見いだすことができる	情報を批判的に考察し，新たな価値を創出することができる
を組み立てられる	アウトライン（目次）をつくり，内容を構成することができる	ウェブサイト等，複数の内容からなる情報を伝達する際，適切に構成することができる
を工夫できる	メディアを組み合わせて表現を工夫できる	色彩やフォント，映像・音響効果などメディアの特性を理解して表現を工夫できる
内容を工夫するこ	相手の関心や前提知識に配慮して伝え方や内容を工夫できる	不特定多数や SNS 上など状況に応じて伝え方や内容を工夫できる
できる	グループ内で役割分担を考えて計画を立てることができる	グループメンバーの特性を活かして役割を分担し，計画を立てることができる
ってみたいことを	ふりかえりをもとに改善策を立てられる	ふりかえりをもとに学習計画を修正・調節することができる
表現できる	物事の全体をシステム（部品の関係）でとらえることができる	物事の解決策をシステムとしてとらえ，表現することができる
きる	情報の属性を意識して構造的にとらえることができる	コンピュータを用いて大量のデータを分類・整理することができる
ログラムで表現で	情報の規則性，順序性，一般性を図やプログラムで表現できる	シミュレーションによって情報の規則性や関係性を見いだすことができる
繰り返し・分岐なる	問題解決の手続きをアクティビティ図等を用いてモデル化できる	問題解決の手続きを評価し，効率性等の観点から最適化することができる
通して問題解決の	条件を切り分け，解決方法を論理的に考えて取り組む（デバッグ）	時間，コストなどの制約条件のもとで，問題解決の方法を最適化することができる
明できる	表やグラフを用いてデータを統計的に処理することができる	統計指標，回帰，検定などを用いてデータを統計的に整理・分析できる
るか説明できる	新しい情報技術が社会や産業にどう活用されているか説明できる	新しい情報技術が社会や産業をどう変化させていくのか説明できる
	ネットワークの公共性を意識して行動する	ネットワーク上のコミュニケーショントラブルに対して原因や対策を説明できる
情報を扱う	情報の保護や取り扱いに関する法律を理解する	情報技術の発達が著作権に与える影響を説明できる
を自分で管理でき	健康に配慮して情報機器・サービスを活用することができる	健康や安全に対する情報機器・サービスのメリット・デメリットを説明できる
緒につくる	ルールやマナーを創造・遵守することで問題を解決しようとする	ルールやマナーを創造し，コミュニティ内で共通理解を図ろうとする
の危険を理解する	情報セキュリティの重要性を理解する	情報セキュリティを確保するための方法を説明できる
考えて行動する	自他の情報を相手や範囲を考えて管理する	個人情報を法的な理解を踏まえて取り扱う
いくか説明できる	情報社会がどうあるべきか説明できる	情報社会にどう関わっていくか説明できる

3 学びを助ける方法を工夫しよう

1 情報活用型 PBL と「主体的・対話的で深い学び」

　子どもの探究する姿を語り（N），学習成果や学びのプロセスを吟味し（A），最後に教師の視点から**授業のデザイン（D：design）**に入ります。子どもたちは何の働きかけもなしに突然，プロジェクトに夢中になるわけではありません。グループで活発に取り組んでいるように見えても，見通しを持たず闇雲にがんばっているかもしれません。ネット検索で高度な情報を見つけたとしても，前提知識がなければ理解の伴わない，マネやコピペになってしまいます。PBL は子どもたちが主体的に「自分事」として取り組むことを重視しますが，放任するわけではありません。課題に出会う機会をつくり，子どもが必要感を持って考えたり，知識を身につけたりできるよう適切に支援・指導するのが教師の役割です。

　次ページの表は，情報活用型 PBL を実践する上で教師ができる手立て＝**指導方略**を，主体的な学び，対話的な学び，深い学びの３つの視点と ICT 活用，収集・編集・発信の３段階のプロセスごとに整理したものです。全部で45種類ありますが，もちろんすべて使う必要はありません。学習活動カードで描いた探究の物語に誘い，支援するために教師の方で準備，指導すべきことを考えるヒントにご活用ください。ここでは，主体的・対話的で深い学びの視点からの授業改善と情報活用型 PBL の関係を整理しておきます。

・**主体的な学び**
　プロジェクト学習は，子どもが高い意欲と見通しを持って探究することが大切です。ミッションと成果物，学習活動カードで検討した学習計画は早い段階で子どもと共有すべきですが，子どもと一緒に計画を立ててみたり，再検討したりしてもよいでしょう。

・**対話的な学び**
　「整理・分析」の場面では，対話の目的を明確にし，付せんやシンキングツール等の道具で支援します。「発信」が価値ある対話になるよう，相手や場の設定，フィードバックの方法を工夫します。

・**深い学び**
　集めた情報を多面的にとらえたり，取捨選択したり，新しいアイデアを創造したりする「整理・分析」場面を方向づけるのが，教科の「見方・考え方」です。学習活動ごとの質をルーブリック（p.23）に照らして点検し，必要な事項は指導します。

【主体的・対話的で深い学びと ICT 活用に関する指導方略】

学びのイメージ	収集 明確な課題意識を持って、主体的に情報を集める	編集（整理分析・表現） 思考を働かせ、自分たちの考えをつくりあげる	発信 相手意識を持って伝え、自分たちの学びをふりかえる
主体的な学び 意欲 ＋ 見通し	①ミッションへの共感（問題意識、憧れ、依頼） ②課題の設定（ミッション解決手段の予想・見通し） ③探究の見通し（スケジュールの提示・プランニング） ④収集方法の検討（手段、場所、相手、キーワード、質問）	⑯手段を選択する機会（分析・表現方法を選ばせる） ⑰分析方法の検討（情報の質や課題解決の方向性から判断） ⑱表現方法の検討（わかったことや発信場面・手段から判断） ⑲ふりかえりの機会（計画の評価・調整をする機会）	㉛発表前のめあての設定（伝え方のめあて、伝える目的の確認） ㉜発表後の自己評価（伝え方、質疑、準備状況のふりかえり） ㉝単元全体のふりかえり・評価（学んだ内容、学び方、自身の変容） ㉞新たな課題の発見（さらに深める、次の機会、他の方法）
対話的な学び 学び合い ＋ アイデア創出	⑤疑問、解決アイデアの出し合い（ブレインストーミング、付せんの活用） ⑥課題づくり（アイデアを選ぶ条件、優先順位） ⑦チームづくり（生活班、課題別グループ） ⑧情報収集の分担（テーマごと、手段ごと）	⑳集めた情報の共有（共通、相違点や関連性、取捨選択） ㉑意見の相違や対立（提案と根拠、対立点の視覚化） ㉒アイデアや解決策の創出（妥協点の模索、情報の再収集） ㉓発信内容の点検（相手を意識して工夫し合い相互評価）	㉟ミッションと成果物に合った場の設定（発表時間、手段、空間、進行） ㊱ホンモノの評価（リアルな発信相手の設定） ㊲フィードバックの確保（質疑、コメントカード、アンケート等） ㊳伝わった・伝わらなかったことの確認（成果物の再点検）
深い学び 見方・考え方 ＋ 探究	⑨課題の点検（単元のねらいとの対応） ⑩単元の基礎となる知識や技能の習得（一斉指導や個別の習得） ⑪情報収集の質と量（ホンモノ、多面的、読み解き甲斐） ⑫収集した情報の検証（信頼性、新しさ、許諾条件の確認）	㉔教科の見方・考え方で整理・分析（視点やキーワードの設定） ㉕情報の構造化・傾向の発見（思考ツール、表やワークシートの工夫） ㉖型や制約条件の設定（スライド構成、発表時間、使える資料） ㉗思考・表現を支える技能の指導（似た問題の例示、失敗例から改善策）	㊴発表に対するルーブリックの設定（発表内容・発表の仕方） ㊵質疑応答のレベル（事実確認、意図や理由） ㊶他の班の成果との統合（複数視点で考察、関連づけ） ㊷学習成果を個別に総括（学習課題に立ち返る、自分の考えの変化）
ICT 活用	⑬ウェブでの検索・収集（URLの記録、検索条件、要約の仕方） ⑭写真・動画・音声による記録（カメラの持ち方、構図、環境を整える） ⑮データの収集・入力（ウェブで収集、集計表の設計、センサ）	㉘協働学習ツールによる情報共有（比較、統合や容易、写真・映像の利用） ㉙データの整理・分析（表やグラフ、データベースの活用） ㉚デジタルで表現（作文、プレゼン、動画、プログラム）	㊸拡大提示による発表（指さし、書き込み、拡大しながら） ㊹ウェブやSNSへの情報発信（相手意識、著作権・肖像権の指導） ㊺ポートフォリオで学びのふりかえり（映像でふりかえる・自己評価の変容）

2 単元づくりからはじまるカリキュラムマネジメント

　収集，編集，発信の場面ごとの教師の手立てまで見えてくると，それぞれ何時間ほどかかりそうか，およその見通しを持つことができるでしょう。単元デザインシートの指導方略の欄（⑦，p.22参照）にある「（　）時間」のところに時間数を書き込んだら単元案の完成です。とはいえ，実際に多様な子どもたちが探究するプロジェクトは教師の予定通りには進みません。発信の機会は特に学校外の方が関わる場合，そう簡単には日程変更できませんから，そこがリミットであることを子どもと合意し，励まし合いながら進めます。長期のプロジェクトで個人あるいはグループ間で進度の差が大きくなりそうな場合は，「中間報告会」のようなチェックポイントを設け，計画を再修正する余地を残しておくとよいでしょう。

　プロジェクト型の単元は，子どもたちが本気になればなるほど，夢中になればなるほど，価値ある学びになりますが，時間がかかり，子どもにとっての負荷も大きなものになります。魅力的なプロジェクトが生まれた時，時間数におさまるように調整するだけでなく，プロジェクトの可能性をもっと引き出せるよう，カリキュラム上の位置づけを考え直す手もあります。いくつかのアイデアを示します。

①年間計画を見直す

　学年あるいは教科の1年の教育課程を見渡し，プロジェクトでじっくり取り組むところと，通常の授業スタイルで進めるところの緩急をつけます。

②教科横断的にとらえる

　社会科の題材で国語科のプロジェクトを行う，理科のプロジェクトに算数・数学科のデータ活用を関連づけるなど，プロジェクトの題材と学び方に着目し，教科横断のプロジェクトに発展させます。

③総合的な学習（探究）の時間との関連

　情報活用型PBLは，総合的な学習（探究）の時間の単元づくりにも有用です。探究プロセスを具体的に考えることで関連教科の学習事項が明確になるため，総合と教科の横断もしやすくなります。

④学校行事との関連

　発信の度にゲストの方との時間調整や家庭への協力依頼をするのではなく，文化祭，授業参観，入学予定者への説明会など学校行事と関連づけることで，時間を確保し，行事を学びの機会にします。

⑤プロジェクトを束ねる

　他のクラスや学年，教科でもプロジェクトが動いている場合，発信機会を揃えてイベント化してしまいましょう。学校全体でプロジェクトに取り組む文化をつくり出す契機になります。

Chapter **3**

実践編
授業から評価までわかる
小・中・高等学校の
情報活用型PBL
プラン

小・中・高等学校の 情報活用型 PBL プラン15事例

1行で紹介！

実践編では小学校から高等学校まで，さまざまな教科での情報活用型 PBL として，15の事例を紹介しています。各実践の見所を 1 行で紹介しましょう。

■小学校■

1 1年・生活「きれいにさいたね」（安田杏奈）

誰もが取り組むあさがおの栽培を本気で振り返るために図鑑づくりに挑戦しました。

2 4年・社会「特色ある地いきと人々のくらし」（石井里枝）

思考ツールとタブレットを自在に活用して情報を整理・分析し，動画 CM にまとめました。

3 4年・理科「電気のはたらき」（金 洋太）

4年生でプログラミングにも挑戦しました。単元の学びは一枚ポートフォリオに蓄積。

4 5年・保健「けがの防止」（鈴木裕介）

保健の視点で校内を調査し，学んだことを 1 年生に伝えるために言葉を磨きました。

5 6年・国語「意見を出し合おう」（垣見里紗）

オリジナルの旅プランを旅行会社の人に提案。オリジナルカードで見通しを立てました。

■中学校■

6 1年・国語「表現を考える」（高橋慶行）

学び方のコツを新聞に。情報の切り貼りから相互チェックで自分の言葉を深めました。

7 1年・数学「資料の活用」（高田 誠）

読み解き甲斐のあるデータを相手に協働で試行錯誤を重ね，温暖化を検証しました。

8　2年・技術・家庭「エネルギー変換の技術」（木村浩之）

電気自動車づくりの課題と条件を工夫し，問題解決に向けた試行錯誤の質を高めました。

9　3年・社会「地球社会と私たち」（齋藤　純）

社会科の集大成として国際問題に挑戦。思考ツールとルーブリックを用いて探究しました。

10　3年・美術「社会問題を訴える」（矢﨑ひさ）

SDGs を題材にポスターをデザイン。アイデアスケッチを交流しながら表現を深めました。

■高等学校■

11　1年・数学A「場合の数・確率」（佐藤　悠）

適切な課題設定と条件を吟味することで，宝くじの分析が最適解を導く探究になりました。

12　1年・社会と情報「情報社会と問題解決」（河田拓朗）

問題解決に向けたプロジェクトマネジメントの題材に，学校の CM づくりに取り組みました。

13　2年・現代社会「平等権の保障」（三浦佳奈・宗　愛子）

図書館をフル活用し，マイノリティの社会課題を伝える校内キャンペーンを開きました。

14　3年・化学基礎「物質量と化学反応式」（髙橋　唯）

日常生活の温暖化対策を定量的に表すことで，環境問題も化学の知識も身近になりました。

15　3年・時事英語「英語による郷土紹介」（作間偉也）

外国人訪問者向けリーフレットづくりを通して，外国人の視点から郷土の魅力に迫りました。

1　1年・生活「きれいにさいたね」

【情報活用型プロジェクト学習　単元デザインシート】

ア．学年・教科：1年・生活

ウ．プロジェクトのミッション

　年長さんを迎える会で，あさがおのたねと図鑑を渡そう

単元目標
・自分で育てた花の変化や成長の様子に関心を持ち，意欲と親しみを持って大切に育てようとする。
・自分の育てている花のことを考え，工夫して世話をするとともに，花の変化や成長の様子，それについての期待
・花も生命を持っていること，成長することや変化することに気づくとともに，花を育てることや花のある生活の

オ．収集「年長さんに大事にしてもらえるように，どんな方法で渡すか考えよう」

収集	収集

a. 課題づくり	f. 観察・実験
種の数を数える	あさがおの成長や自分たちが育てた様子
あさがおをつなげよう	写真やスケッチ

カ．編集「年長さんを迎えるす準備をしよう」

編集（整理・分析）	編集（整理・分析）

j. 集約	m. 論理
あさがおとのかかわり	あさがおの育て方
年長さんが育てたくなるかどうか	年長さんにわかりやすいようにするため

ク．情報活用能力（○この単元で育成したい　□この単元で発揮してほしい）

○あさがおがどのように成長し，自分たちがどんなことをしてきたのか振り返る（B8L1）

○説明する文章と対応した写
○年長さんが育てたくなる構

ケ．授業展開・教師の手立て

・自分たちが年長さんだった頃を思い出し，大切に育ててきたあさがおの種を大切に育ててほしいという思いを共有できるようにする①
・あさがおのつると種から，今後何をしていけばよいかグループで意見を出し合う③

・あさがおとのかかわりを振を決めさせる⑳
・どの写真が文章とぴったり捨選択させる⑳
・図鑑を見せ合う機会や動画イスする機会を設ける㉓

（　1　）時間

ルーブリック	S	A
思考	年長さんが読みやすいだけでなく，あさがおの楽しみ方など，楽しませる工夫がある。	年長さんが読みやすい順番に工夫している。お世話のポイントや気持ちを図鑑に書いている。
表現	・相手を意識して色使い等を工夫している。 ・種を大切にしてほしい願いを伝えている。	・文章と絵や写真を対応させている。 ・種がどうしてできたのかはっきり伝えている。

イ．単元名：「きれいにさいたね」

エ．期待する成果物

年長さんを迎える会で，あさがおの育て方と気持ちをいれた図鑑を作り，年長さんを迎える会での渡し方を考え発信する

や喜びなどを自分なりに表現することができる。
楽しさに気づくことができる。

会に向けて，考えた方法で渡	キ．発信「年長さんに種を渡そう」
編集（表現） r. ポスター・パンフレット 種の育ち方や種への思い 順序と内容	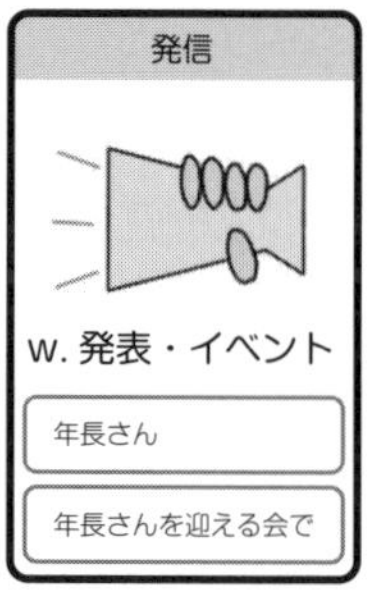発信 w. 発表・イベント 年長さん 年長さんを迎える会で 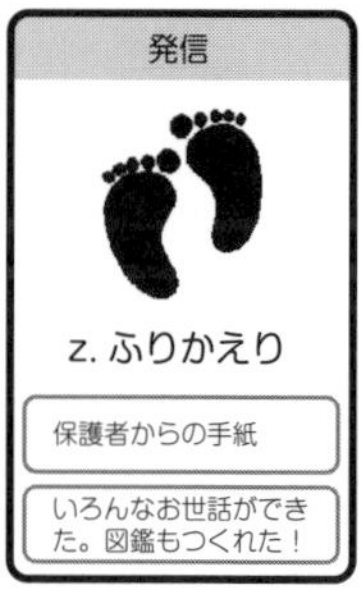発信 z. ふりかえり 保護者からの手紙 いろんなお世話ができた。図鑑もつくれた！
真を選ぶ（B1L1） 成を考える（B4L1）	○はっきり伝わる声で発表する（A8L1）
り返り，図鑑にまとめる内容 の写真なのか考え，写真を取 で発表練習を撮影し，アドバ （　6　）時間	・保護者に手紙を書いてもらい，今まで長い間あさがおとかかわってきたことと自分の成長を自覚化できるようにする㊲ ・活動全体のふりかえりをさせる㉝ （　2　）時間

B	C
書くことの順番を考えているが，お世話したことや育ち方だけを図鑑に書いている。	自分で考えずに，教師の提示と全く同じ図鑑になっている。
・大きく丁寧な字で書いてある。 ・年長さんと目を合わせ，種であることを伝えている。	・丁寧な字で書かれていない。 ・種をそのまま渡している。

1 授業の実際

❶授業前に準備したこと

　１学期のあさがおの栽培の体験から，あさがお栽培の過程を振り返る今回の小単元へ探究のプロセスや子どもたちの思いをつなげるための準備を行いました。１学期の通知表渡しの日に保護者に児童宛にあさがおを１学期間継続して育てられたことを認めてもらう手紙を書いてもらいました。その手紙を夏休みの全校登校日に子どもたちに渡し，夏休み中のあさがおの世話への意欲の持続と１学期間のお世話してきたことの自覚化を図りました。

❷課題づくり

　「ずかんをつくりたい！」「みてもらいたい！」という思いや願いが子どもたちから沸き立つように，写真であさがおを育ててきたことを振り返りました。そして，これからどうしていきたいかアイデアを出し合っていきました。その中で自分たちが年長さんだった時のことを思い出し，「年長さんに種を渡してあさがおを育ててもらいたい」という思いを確認し，自分たちは種をもらっただけで育て

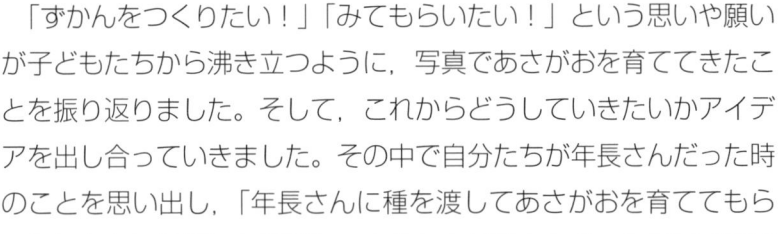

【5月からの活動を振り返る様子】

方がわからなかったことや種をもらったことをあまり覚えていなかったということ，どうしたら自分たちが渡すあさがおの種を年長さんが大切に育ててくれるのかを考えました。

❸情報の収集

　図鑑を作る時，どんな情報が図鑑に使えそうか学級全体で話し合いました。５月から一人ひとりが書き貯めている「あさがおのかんさつカード」やこれまでの活動の写真の中から使いたい写真を自分で選んで使うことになりました。採れた種を数え，１人当たり100個以上の種が採れたことがわかり，年長さんには６つずつ渡すことにしました。

【種を数える様子】

❹情報の編集

　どんなことを年長さんに知らせたいか，どんな順だと年長さんがわかりやすいのかをグループで相談したことをもとに一人ひとりが考え，年長さんに育てるのが楽しいと思ってもらえるように，工夫していきました。図鑑を完成した後には，年長さんを迎える会で，どのように伝えるとよいのか発表の仕方についても考えました。

【知らせる順を決めて書く様子】

❺情報の発信

　図鑑を見せたい一人目の相手である保護者の方には，２学期の通知表渡しの時に見ていただきました。もう一人の相手である年長さんには，２月の年長さんを迎える会で，代表の児童があさがおの種について発表した後，一人ひとりが年長さんに図鑑を渡しました。

❻ふりかえり

2月の年長さんを迎える会での発表を，1週間前の授業参観でも行いました。その時の感想の手紙を保護者の方に書いていただき，その感想を見ることで，自分たちが長くお世話をしてきたことや自分たちが伝えたいと思ったことを伝えることができたことについて自覚できるようにしました。

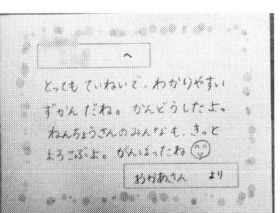

【保護者からの手紙】

2 探究の実際

❶思いや願いを達成するための計画・見通し

年長さんを迎える会までにどんなことをすべきか全員で細分化し大まかな見通しを持った上で，その後グループごとに計画を立て，一人ひとりが具体的に自分の図鑑完成までのイメージを持ちました。

Aさんのグループでは，どんな図鑑にすればよいか図鑑の形式（表現方法）について話し合いました。はじめは「カードにしたら見やすくなると思う。」という意見でしたが，「育て方はどこに書くの？」というBさんの質問から「本物の図鑑みたいにしたいから，本のような形にしたいな。」という話でまとまりました。グループで話し合っている中で，自分たちの「育て方を知ってもらいたい」という思いや願いに立ち返り，より育て方のわかりやすい表現方法は何か考えていきました。

❷成果物の交流の場の意図的設定

「虫が寄って来た時にどうすればいいかは書きたくないよ。だって，虫が嫌いな人があさがおも触りたくなくなってしまうから。」と，自分の思いを話していたAさん。グループで成果物を見せ合う中で，グループのみんなが虫の対処について書いていることに気づきました。どうして書いたのかという教師の問いに，「虫のことを先に書いておかないと本当に虫が来た時に年長さんはびっくりするからだよ。」という意見が返ってきました。

【成果物：図鑑】

それを聞き，Aさんは考えを変え，虫のことを書き加えていました。

❸相手を意識した迎える会の練習

迎える会に向けての練習を動画で撮影しました。撮影することで実際の相手を1年生なりに意識することができました。また，撮影した動画をもとにわかりやすいかどうかを話し合うことで，練習を重ねる度に，伝えたいことをよりわかりやすく発表することを考えることができました。

小学校

中学校

高等学校

3 探究の質を高めるポイント

❶気持ちの質を高めるポイント

相手意識として「年長さん」と「お家の人」の2つを設定しました。

【何をするべきか
決めている様子】

1年前の自分と同じ立場である年長さんを相手にすることで，自分ごととして相手意識を持ちながら活動に取り組むことをねらいました。また，課題設定時にどんなことをしていけばよいか経験をもとに自分たちで考えていくことでゴールを見据え，自分ごととして目的意識を持って活動に取り組むことができるようにしました。大単元の最後，自分たちが作った図鑑と種を年長さんに渡す機会を設け，満足感を味わえるようにしました。

また，保護者に3回（1学期末，2学期末，3学期）あさがおの栽培や図鑑づくり，発表を通した児童の頑張りや成長を認める手紙を書いてもらうことで，次の活動へのエンジンとするとともに，自己への気づきの機会となるようにしました。

❷活動の質を高めるポイント

モデルの提示と思いや願いに沿って写真等の素材を選択する場を設定しました。1年生という発達段階を鑑み，子どもたちが考案した図鑑を原型として教師が作成したモデルを提示しました。あえて写真を貼っていないモデル図鑑を示し，どんな絵や写真を選ぶと文と対応できるのか考えたり，自分が伝えたい内容に対する写真を選

【写真を選択する様子】

択したりできるようにしました。あさがおを育てた様子の掲示物を見て活動を思い出したり，友だちと対話しながら文章とぴったり合う写真を探したりする姿も見られました。

また，何度もグループ会議を取り入れることで，「絵や写真が文に対応しているか」「自分たちの思いに沿っているのか」自分たちで話し合えるようにしました。図鑑としてまとめていく順序を交流した際には，「育てた順番がわかりやすい」という児童もいれば，「種とりの場面を見せてから育て方を書くとどうしてこの種があるのかわかるかも」という児童もいました。相手に図鑑を通して伝えたいことを意識した発言が多く聞かれました。

❸思考の質を高めるポイント

あさがおのお世話を振り返り，「どうしてその世話をしたのか」「その時どんな気持ちだったのか」を吹き出しに書き込むことを図鑑づくりの条件として設定しました。水やりだけでなく，間引きや支柱立てなどについてこれまでの経験や知識に基づいた生活に関する見方・考え方を活かしながら，学級やグループで話し合ってきたことを想起し，まとめ直す機会としました。育て方という事実だけ

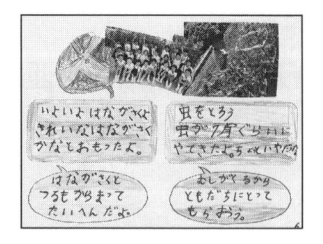
【気持ちとお世話のポイントが
書かれた図鑑の1ページ】

でなく，その時の気持ちを入れたことで，児童それぞれの５月からの思いがつまった，世界で１つだけの図鑑に仕上げることができました。

4 ふりかえり

❶子どもたちのふりかえり

・お家の人からたくさんの手紙をもらえてうれしかったし，頑張ってよかった。

・緊張したけど，年長さんに図鑑や種を渡せてよかった。

・いろんなお世話ができるようになったり，図鑑を作れたりできる１年生になったと思う。

❷授業者としてのふりかえり

　５月の種をまくことからはじまり，２月の年長さんを迎える会までの長い期間の実践でした。生活科の他の単元と並行しながらの実践でしたが，長期にわたる実践でも子どもたちは最後まで飽きずに粘り強く取り組むことができました。その理由としては，子どもたちが思いや願いをもとに自分たちでつくった課題に対して活動した実践だったからだと考えています。はじめは花を咲かせるための活動，次に花が咲いた後，そして，今回の実践である図鑑にまとめることでの一連の活動を終えたふりかえりというように自分たちの思いや願いに沿って目的と活動を少しずつステップアップしていきました。

　今回の実践では，１年生ということもあり文字を書くことの困難さはありましたが，どの児童も目的を持って楽しんで活動に取り組む姿が見られました。活動する度に「もう少しやりたいです。」「楽しいな。」などの声が挙がってきました。

　反省としては，図鑑にまとめる際に条件の設定と大単元としての教師の見通しが挙げられます。

　はじめに図鑑の順序を決めたのですが，その後実際に書いていくうちに書きたいことが増えていき，途中途中にパーツを増やしていく児童が多くいました。使える紙の枚数などの条件をはじめに児童と一緒に確認しておくことで，書く内容やまとめ方を１年生なりに更に吟味したのではないかと思います。

　また，あさがお栽培の小単元としてのPBLを実践しましたが，５月の栽培から最終ゴールを教師が見通しを持つと，年長さんの時にもらったことを単元の最初から意識させて自分たちもプレゼントしたいという気持ちを意識づけることができ，たたき染めやあさがおパーティー等の生活科の活動全体が２月に向けた意味のある活動にすることができたと思います。また，図工と合科にして「こんなあさがおの花を咲かせたい」という思いの絵を描いたり，動画に残しておくなど，自分たちへの花への思いをさまざまな形で残して想起しやすくしたりすることで，探究の質をより高められたのではないかと感じています。

（安田杏奈）

2　4年・社会「特色ある地いきと人々のくらし」

【情報活用型プロジェクト学習　単元デザインシート】

ア．学年・教科：4年・社会

ウ．プロジェクトのミッション
宮城県の特産物「ホヤ」のイメージアップ大作戦 　—沖縄の小学生に「ホヤ」のよさを伝えよう—

単元目標
　・県内の特色ある地域では，人々が協力し，特色あるまちづくりや観光などの産業の発展に努めていることを理解
　・特色ある地域の位置や自然環境，人々の活動や産業の歴史的背景，人々の協力関係などに着目して，地域の様子

オ．収集「それぞれの市町ではどんな取組をしているか調べよう」			カ．編集「ほやの良さを伝えろう」	
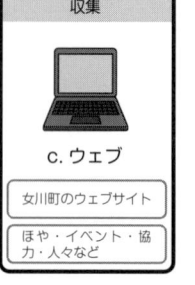 収集 a. 課題づくり ほやの現状を知るプレゼン 女川町のほやの良さを伝えるビデオをつくる	 収集 c. ウェブ 女川町のウェブサイト ほや・イベント・協力・人々など	 収集 b. 図書 ほやに関する本・各種観光パンフレット 歴史・地形・取組・特色など	 編集（整理・分析） j. 集約 女川町のほやに関する取組 人々の工夫や努力	編集（整理・分析） k. 比較 気仙沼市・女川町・石巻市の3つの市町の共通点 自然，生産者，販売者の工夫や努力

ク．情報活用能力（○この単元で育成したい　□この単元で発揮してほしい）	
□ウェブでキーワード検索ができる（A3L1） ○複数資料から課題解決に役立つ情報を選ぶ（B1L1）	□資料から視点を持って情報 ○複数の情報を共通・相違点

ケ．授業展開・教師の手立て	
・宮城県でとれる「ほや」が日本で一番の生産量を誇ること，震災後販売数が戻っていないことを取り上げ，問題提起する① ・「ほや」をもっと知ってもらうために，プロモーションビデオをつくることを共通理解する② ・気仙沼市，女川町，石巻市のチームに分かれてそれぞれの取組について調べデータチャートに整理する⑦⑧ （　2　）時間	・気仙沼市，女川町，石巻市（3人グループ）を作り，そデータチャートに整理する。地域に共通する事柄を考える ・プロモーションビデオのチ ・ビデオに必要な情報を精選 ・中間発表会を開き，内容やリックを作成し，修正する㉓

ループリック	S	A
思考	自然環境や人々の協力関係について調べたことに対する自分の考えも述べている。	自然環境や人々の協力関係の取組だけでなく，願いや努力について伝えている。
表現	適切な資料を選び，順番や見せ方だけでなく，身振りや抑揚なども工夫している。	適切な資料を選び，伝える内容の順番や，見せ方を工夫している。

イ. 単元名：「特色ある地いきと人々のくらし」
エ. 期待する成果物 　宮城県の「ホヤ」の魅力をふんだんに盛り込んだプロモーションビデオを制作する

する。
をとらえ，それらの特色を考え表現する。

るプロモーションビデオを作	キ. 発信「沖縄の友だちにビデオを見てもらおう」

編集（表現）
t. 動画
ほやの生産や販売などに携わる人々の協力
資料の見せ方・構成

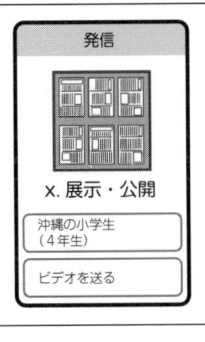

発信
x. 展示・公開
沖縄の小学生（4年生）
ビデオを送る

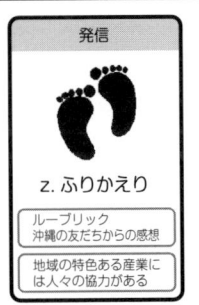

発信
z. ふりかえり
ルーブリック 沖縄の友だちからの感想
地域の特色ある産業には人々の協力がある

を読み取る（B2L1） に着目して整理する（B2L2）	□動画の特性を意識したテロップ等の工夫（B5L1） 〇内容に応じて写真や文字，音声の工夫（B5L2）

の3地域が集まるグルー れぞれが調べた情報を集約し， データチャートを俯瞰し，3 ⑳㉕㉘ ェックリストを作成する⑰⑱ し，ビデオの構成を考える㉒ 表現の工夫についてのルーブ （ 4 ）時間	・相手の学校に，協働学習ツールを使って，ビデオを視聴してもらい，何が伝わったのか，沖縄ではどういう特色があるのか教えてもらう㊱㊲ ・宮城と沖縄の比較を通して，特色ある産業には人々の協力がなくてはならないことを理解する㊷ （ 2 ）時間

B	C
自然環境や人々の協力関係（県や市，地域住民，産業に携わる人）の事実だけを伝えている。	ほやとは関係のない情報や誤った情報がまとめられている。
伝えたい事柄に応じて資料は選んでいるが，見せ方に工夫がない。	選んだ資料が伝えたい内容に合っていない。

1 授業の実際

❶授業前に準備したこと

本単元に入る前には、「県の広がり」の学習で、県の地形的な特徴や土地の利用の仕方、主な産業の分布、交通網や主要都市の位置などについて学んでいます。本単元で、特定の地域に焦点化して「特色ある地域の様子」をとらえさせる前提として、自分たちの住む宮城県の様子を概観し、地理的な条件と産業との関連を意識できるようにしました。

❷課題づくり

「ほや」は、宮城県が全国一の生産量を誇りますが、子どもにとって馴染みのある食材ではありません。東日本大震災以降、輸出量が減少し、消費されずに大量廃棄されています。生産者だけでなく、県や市、地域住民などさまざまな人々が協力し、消費拡大に努めています。大量廃棄の事実を知ることで、「なぜだろう？」「もっと食べてもらえないのか？」という疑問をふくらませ、「全国のさまざまな地域の人に、もっとほやのことを知ってもらいたい」という

思いへとつないでいきました。そして、東北の海産物とは縁が遠い「沖縄の子どもたちに、ほやのことを知ってもらおう」というミッションを設定しました。

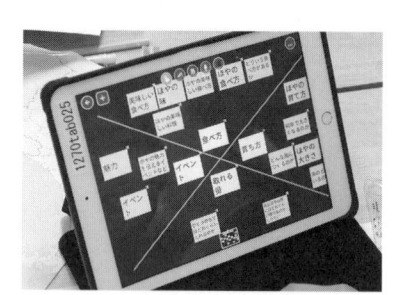
【グラフで生産量の違いを見せる】

次に、「ほや」についての自分たちの知識を確認しました。何を知っていて、何を知らないのかを KWL シート（K：What I Know, W：What I want to know, L：What I Learned の３列に情報を整理する表）に書き出しました。W（調べたいこと）の事柄を、グループごとにXチャートに整理し、どんな情報を調べていけばよいのか、課題解決の見通しを持たせました。

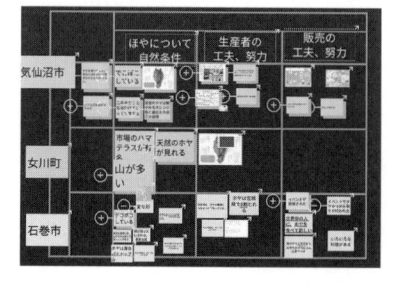
【Xチャートで分類する】

❸情報の収集

ほやの生産が盛んな３地域（気仙沼市、女川町、石巻市）をグループで分担して調べました。調べた情報はデータチャート上に「ほやについて・自然条件」「生産者の工夫、努力」「販売の工夫、努力」の３つの視点で整理しました。その後、３地域が混ざるグループ編成に組み替え、情報を集約し、３地域に共通して言えることは何かを考えさせました。

❹情報の編集

ビデオ制作に入る前に、ビデオに入れる内容のチェックリストをつくりました。プロモーションビデオは、ほやそのものの魅力を伝えたり、買いたい、食べたい思いを高めたりす

【データチャートで俯瞰する】

るためにつくる，という共通理解をした上で，必ず入れる事柄として，「ほやの特徴や宮城の自然条件」「生産者や販売者がみんなで協力している」につながる表現を考えてつくる，という意見が出てきました。ビデオ制作の前には，構成メモをつくり，内容と資料の吟味も行いました。

❺情報の発信

　発信の前に，中間報告会を学級で行いました。アドバイスの視点がばらばらであったり，不足部分に子どもたち同士では気づけなかったりするため，チェックリストを再確認しました。「なぜほやが特産物なのか，それぞれの地域の地形の特色とほやが育つ環境との関連」「地域の人々がどのような願いを持っていて，どのように協力しているのか」「自分たちの考えや提案」といった具体的な事柄をチェックリストに追加し，相互評価しました。

　制作したビデオは，協働学習ツールを使って沖縄の子どもたちに送りました。コメント機能があるので，視聴した後，伝わったこと，感想を書き込んでもらいました。

❻ふりかえり

　沖縄の子どもたちからのコメントを読みながら，自分たちが伝えたかったことが伝わっていたかどうかを確認しました。そこから，もっとやってみたいこと，大切だと感じたことなどを伝え合いました。また，「学習を通して学んだことは何か」を個人のふりかえりとして記述しました。

2　探究の実際

❶課題解決の見通しを持つ（学習計画を立てる）

　女川町のグループでは，KWLシートで調べたいことを集約した結果，「ほやの育て方」「なぜ，宮城ではほやがたくさんとれるのか」「なぜ捨てられてしまうのか」「ほやを売るために，どんなことをしているのか」等が挙げられました。全体で調べる共通項目を，「ほやそのものについて」「生産者の努力や工夫」「販売の工夫」に整理し，学習計画を立てました。

❷根拠を明確にする

　調べてわかったことをデータチャートに書き込んでいく際，根拠となる資料を一緒に添付させました。後でグループ共有する際も，調べたことがどの資料が根拠となっているのかすぐに見ることができ，情報の正確さについても吟味をすることができました。

　女川町担当のAグループは，資料から「ほやがとれる条件」について，地形の条件や海流，海の温度など，一人ひとり異なる根拠を挙げていました。資料を読み返しながら根拠を話し合

女川町のホヤをもっと多くの人に食べてほしいという願いがあります。

【根拠となる資料を明確にする】

うと，それらが関連してほやの生育に適した環境であることを見いだしていました。

小学校

中学校

高等学校

❸データチャートで情報の集約・俯瞰

　3地域を分担して調べた情報を1つのデータチャート上に整理しました。そこから，共通点として何が言えるかをグループで話し合いました。それぞれの地域でわかったことを伝え合うことで，地形的な特徴や，どの地域でもたくさんの人たちが協力していること，ほやをもっと食べて欲しいという願いを持っていること，などを共通点として整理できました。しかし，販売が思うように進まない理由として，女川町Ａグループは，「ほやについての魅力が伝わっていないから販売が進まないのではないか」「ほやのすごさや良さをもっと伝えるビデオにしていきたい」「ほ

複雑な形
島がある
ホヤ料理がある
東が全部海
ポスターやお店がある
海に面しているところが多い
ホヤへの愛情がみんなある
ホヤのお土産がたくさんある
みんな努力している
体験がある

【共通点を整理】

やに関わる人たちの努力をもっと伝えたい」という思いを強めました。

❹構成メモからビデオ制作へ

　調べたことをどのような構成で伝えるのか，構成メモを作成しました。女川町Ａグループは「ほやの生態」について最初に伝えることで，ほやに興味を持ってもらおうと考えました。同町Ｂグループは，「ほやに関わる課題」について訴えてから詳しく

【ビデオ編集で資料の吟味】

説明していこうなどと，それぞれの考えを持って，構成を考えていきました。

　実際にビデオ制作に入ると，伝えたいことに合う資料ではないことや，深く理解できていなかったことに気づきます。その際，自分たちが伝えたいことに合う資料を探したり，追加で調べ学習をしはじめたりしました。また，撮影した動画を見直したり，他のグループに見てもらったりすることで，1つの資料を全体とアップと2つに分けて伝えた方がわかりやすいと，資料と内容の関連を深く考える姿が見られました。

3　探究の質を高めるポイント

❶気持ちの質を高めるポイント

　教材として取り上げる際，子どもたちがあまり知らないものの方が共通の土台にのせやすいと感じています。今回の題材「ほや」は実際に食べたことがある児童は36人中3名でした。導入時に課題意識を持たせるために，ほやの意外性や生産量が全国1位という特産物でありながら，大量に捨てられているというギャップを伝えることで，「どうして？」「なぜ？」をたくさん引き出すことができました。

　また，宮城県民としての課題意識を高めることで，何とかしたいという思いを持たせ，それ

を伝える実際の相手（沖縄の小学生）を設定したことにより，探究に対する主体性を引き出すことができました。

❷活動の質を高めるポイント

　課題の設定から，調べ学習，情報の整理，表現まですべてタブレット端末で行いました。集めた情報のやりとりや，情報の関連づけなどをスムーズに行うことができました。その結果，グループごとの話し合う時間や，情報を吟味する時間の確保につながり，十分に意見を交流することができました。また，グループの考えを一覧で共有することもできるので，グループ間で比較することも容易にできました。

❸思考の質を高めるポイント

　4年生の社会科では，複数の視点から資料を読み取り，考えを持つことが求められています。学んだことを動画で発信することは，どのような情報をどのように伝えるのかということを考える必要が生まれてきます。資料の中には，他の児童には必要な情報でも，自分が制作する動画には必要のない情報も含まれます。約1分の動画を制作するという時間的制約と，内容に関するルーブリックを設定することで，情報を取捨選択する必要が生まれ，情報の精選と吟味を促すことができました。また，撮影した動画をどのように並べるのかによって伝わる内容も変わるため，資料同士の関連も意識しながらビデオを制作することができました。

4　ふりかえり

❶子どもたちのふりかえり

・ほやのことは今まで全く知らなかったけど，調べて行くうちに，宮城には全国一の自慢できるものがあってうれしいと思った。色々な人が協力してほやを支えていることがわかった。

・ほやについては詳しくなったので，他にはどんなものがあるのかもっと知りたくなった。

・動画をつくってほやを宣伝しようとしたけど，結構むずかしかった。色々な人がすごい工夫をしてイベントなどをしていることがわかった。

・動画で表現することは初めてだったけど，実際に見てもらえる人がいることで頑張って伝えようという気持ちになった。

❷授業者としてのふりかえり

　デザインシート上では，動画の制作から発信まで1ターンで考えていました。しかし，実際に取り組んでいくと，自分たちが伝えたいことが先行してしまい，受け手の意識に目を向けることができていませんでした。いったんできあがったビデオを沖縄の子どもたちに見せることとで「伝わったこと」「伝わっていなかったこと」が見えてきました。実際の反応を受け止めることで，もっとしっかり宮城の良さを伝えたいという思いを高めることにもつながり，意欲を持続させながら学習に取り組むことができました。

（石井里枝）

小学校

中学校

高等学校

3　4年・理科「電気のはたらき」

【情報活用型プロジェクト学習　単元デザインシート】

ア．学年・教科：4年・理科

ウ．プロジェクトのミッション

目的地まで速く自動でたどりつくモーターカーをつくろう

単元目標
- ・電流の向きを変えると，モーターの回転する向きが変わることや，乾電池の数やつなぎ方を変えると，電流の乾電池で動くモーターカーをつくることができるようにする。

オ．収集「電気のはたらきについて知ろう」	カ．編集「モーターカーをつ

収集

a. 課題づくり

| 教科書，身近にあるモーターを利用したもの（車椅子の競走レース），近未来のモーターカー（自動運転） |
| 自動で動くモーターカーをつくり，プレゼン資料をつくる |

収集

f. 観察・実験

| ①電流の向きとモーターの回る向きの関係 ②乾電池2個のつなぎ方と電流の働きの関係 |
| ノートや一枚ポートフォリオに記述したり，タブレットPCで写真や動画を記録したりする |

編集（整理・分析）

l. 関連づけ

| 速くモーターを回せる回路 |
| 電流の強さとモーターの回る速さ（電気の働き） |

編集（整理・分析）

n. 創造

| 既習事項や生活経験から見いだした問題 |
| 社会に役立つ自動運転のモーターカー |

ク．情報活用能力（○この単元で育成したい　□この単元で発揮してほしい）

□写真や動画の撮影，音声の記録ができる（A1L1） ○電気の働きに関する知識（A7L2）	□ MakeCode の操作，ミライシー ○プロジェクトの達成に必要な情報の選

ケ．授業展開・教師の手立て

・学習の出発点として，日本の社会問題や Society5.0 について知らせる① ・ミッションを提示し，本単元の学習を活かして解決することを知らせる② ・タブレットPC上で質問づくりの手法を使って問題を見いださせる⑤㉘ ・「電気の働き」について学ばせる⑩ ・実験結果を写真や動画で記録させる⑭㊺ ・ノートや一枚ポートフォリオに学習したことを記録させる㊺ （　7　）時間	・既習事項を整理して速く走ついて考え，「TECH 未来」 ・モーターカーが役立つ場面 ・「micro:bit」を活用しモーで止まらせるためのプログラ ・「ミライシード」を活用しの仕方を示す㉖㉘㉚㉛ ・発表に向けたモーターカー

ルーブリック	S	A
思考	乾電池のつなぎ方とプログラムの双方を工夫し，速く走り，目的地で止まる車をつくった。	乾電池のつなぎ方と電流の強さの関係を正しく説明できた。車を止めるプログラムを試行した。
表現	・モーターカーを作成できた。 ・回路やプログラムの工夫点を説明したスライドである。	・モーターカーを作成できた。 ・回路やプログラムを説明したスライドである。

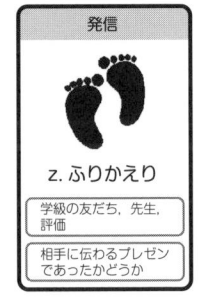

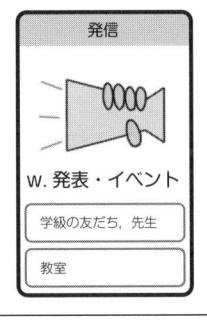

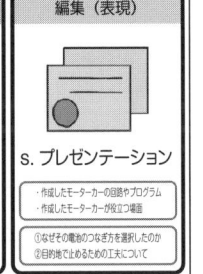

イ．単元名：「電気のはたらき」

エ．期待する成果物
・乾電池2個が直列つなぎで，目的地で止まるプログラミングのされたマイコンボードを接続した回路のモーターカー（プロトタイプ）
・モーターカーについてプレゼンテーション発表（授業支援ソフトを活用）

強さが変わり，モーターの回る速さや豆電球の明るさが変わることなどをとらえることができるようにする。また，

| くろう」 | キ．発信「モーターカーを発表しよう」 |

編集（表現）	編集（表現）	発信	発信

| u. 工作・プログラム | s. プレゼンテーション | w. 発表・イベント | z. ふりかえり |

・速いモーターカー
・電流を制御するプログラム

・速く走らせるための回路
・目的地で止めるためのプログラム

・作成したモーターカーの回路やプログラム
・作成したモーターカーが役立つ場面

①なぜその電池のつなぎ方を選択したのか
②目的地で止めるための工夫について

学級の友だち，先生

教室

学級の友だち，先生，評価

相手に伝わるプレゼンであったかどうか

| ドの操作, タイピング (C5L2, A2L1)
択, 発表に必要な動画の撮り方(B1L2, A1L2) | □メディアに応じた工夫（B5L1）
○発表の仕方，資料の提示の仕方（A8L2, B1L2, B4L1, B5L2） |

| るモーターカー（の回路）に
でモーターカーをつくらせる
を考えさせる㉒
ターカーを目的地（直線5m）
ムを考えさせる㉚
た発表スライドの構成，発表

の走行動画を撮らせる㉖㉚
（ 4 ）時間 | ・学級の友だち，参観する教師に向けて発表させる㊱
・モーターカーの提案や発表の仕方について，「ミライシード」を使って感想を送らせる㉘
・一枚ポートフォリオに単元全体のふりかえりを記述させる㉝㊺

（ 2 ）時間 |

B	C
乾電池の直列つなぎでモーターが速く回ることは理解したが，電流の強さと関係づけていない。	乾電池の数やつなぎ方と，電流の強さとを関係づけて考えることができない。
・モーターカーができていない。 ・スライドをつくることはできたが，説明が不足している。	・モーターが回る回路をつくることができない。 ・スライドが未完成。

1 授業の実際

❶授業前に準備したこと

　Society5.0（超スマート社会）に関する内閣府の広報ページなどをもとに，主にロボットや自動走行車に関するプレゼン資料を作成しました。また，児童はこの学習までに，タブレットPCで授業支援ソフト「ミライシード（オクリンク）」や，プログラミング教材の使い方を学んでいました。

❷課題づくり

　学習の出発点として単元のはじめに，「①日本は少子高齢化によって高齢ドライバーの問題が増加していることや，働き手が減少していくこと」「② Society5.0の実現が掲げられ，前述した問題を解決しようとさまざまなものが自動化されて暮らしが便利になっていくこと」の2点を児童に知らせました。その上で，電気の働きに関する学びを通して，世の中の役に立つモーターカーのプロトタイプを提案させることにしました。そこで今回のミッションを「目的地まで速く自動でたどりつくモーターカーをつくろう」と設定しました。

❸情報の収集

　ミッションの解決にあたって必要な情報は本単元（「電気の働き」）の学習内容と，自動でモーターカーを止めるために必要な電流を制御するプログラミングの仕方です。単元を通じて一枚ポートフォリオ（One Page Portfolio Assessment：OPPA）に単元の学習内容をまとめておいて，いつでも確かめられるようにしました。次に，社会に役立つモーターカーを考えるために，「世の中で困っていること」を挙げさせる活動を行いました。児童は3年国語「盲導犬（視覚障害）」，4年社会「消防」「警察」「ごみのゆくえ」といった既習事項から具体的な場面を挙げていました。

❹情報の編集

　ミッションの解決につながるモーターカーを作成する前に，本単元で学んだ電気の働き（電流の強さとモーターの回る速さの関係）について整理させ，「速いモーターカー」に必要な乾電池2個の直列つなぎの回路をつくらせました。次に，その回路にマイコンボードであるmicro:bit（MakeCode）を接続し，目的地（5mの直線コース）で適切に止まることができる

【モーターカーをつくる様子】

ように電流の強さやオン，オフを制御するためのプログラムを試行錯誤させました。モーターカーには「TECH未来」を用い，回路にmicro:bitを接続する際には「プログラム制御スイッチ（TFabWorks）」を用いました。

❺情報の発信

　「速く走らせるための回路の工夫」「目的地で自動に止めるためのプログラム」「走行動画」「どのような場面で役に立つか」の４つを骨子としたスライドを授業支援ソフトでグループごとに分担して作成させ，学習したことを活かした社会課題解決の提案をさせました。また，公開・発信の対象は学級の友だちと参観に来る先生方としました。

❻ふりかえり

　発表を聞いた友だちや参観した教師からの感想をもらい，「ミッションが解決されていたか」「伝わる発表になっていたか」の２つの視点で振り返らせました。また，学習を通して学んだことを OPPA にまとめさせました。

2　探究の実際

❶問題を見いだす

　どのような学びをすれば，ミッションの解決につながるのかを考えさせるために，ミッションの提示後に単元を通じて解決していくべき問題を見いださせました。この活動でＡ班は「①モーターを速く回すにはどうしたらいいか」「②プログラミングはどうしたらよいのか」「③モーターを遅くするにはどうしたらよいか」の３つの問題を見いだしました。全８班から出された問題をもとにして，教科書の学習内容を進めていきました。

【授業支援ソフトでカードのやりとりをして問題を見いだしている様子】

❷モーターカーの作成

　Ａ班を含めたすべての班が，既習事項から強い電流が流れて速くモーターが回ることを根拠に「直列つなぎ」の回路を選択していました。また，回路につないだ micro:bit へのプログラミングで，電流の「強さ」と「流れる時間」を制御しました。「速く目的地にたどりつく」必要があることから，ほとんどの班がスタートからゴールまで電流の強さを最大にしていました。しかし，Ａ班は高齢者の送迎（人を乗せること）を想定しており，「安全に止まらせたい」という考えから，はじめは最大の電流で，停止前に電流の強さを弱くしてスピードを落としてから停止させる工夫が見られました。また，目的地でぴったりと停止させるために，ストップウォッチで時間を測りながら，電流が流れる時間のプログラムを何度も調整していく様子が見られました。

【Ａ班が考えた安全に止めるためのプログラム】

❸発表資料づくり・発表

　発表資料づくりでは，スライドづくりを分担したので短時間で作成できていました。児童らが一番時間をかけていたのは，走行動画の撮影です。撮影のポイントとして「プログラミングした通りの動きが聞き手に伝わる動画になっているか」を考えさせると，最適な動画を撮ろうと画角を試行錯誤したり，動画に描画機能を使って説明を入れたりする姿が見られました。ス

【走行動画を撮影している様子】

ライドにどの写真や動画を入れるのか決める際は，話し合っていました。発表会では，スライドの文字の大きさ，発表時の声の大きさや視線に聞き手を意識していることがわかりました。

3　探究の質を高めるポイント

❶気持ちの質を高めるポイント

　Society5.0のような近未来の社会に関わりを持たせた学習は，児童の学習意欲を高めることにつながったと感じています。また，単元のはじめにモーターカー（乾電池を１個使用）を作成して遊ぶ活動を行いました。この活動を取り入れたことで，学習の見通しを持たせたり，ミッションに関わる問題を見いだしたりさせることができました。

【発表をしている様子】

❷活動の質を高めるポイント

　探究の時間には試行錯誤の機会を多く確保できるとよいと考え，電気の単元と相性の良いプログラミングを取り入れることにしました。今回用いたビジュアル型プログラミング言語「micro:bit」は，児童が容易にプログラミングをすることができ，短時間で多くの試行錯誤の様子が見られました。

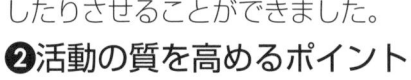

【プログラムを試行錯誤する様子】

❸思考の質を高めるポイント

　単元のはじめに問題を見いださせる場面では，「質問づくりの手法（Question Formulation Technique：QFT）」を用いました。質問の焦点として，「電気の働き」「モーターカー」「自動運転」の３つのキーワードを提示し，焦点に沿った問題を見いだすようにグループごとに話し合うようにさせました。

　また，単元を通してOPPAを活用したふりかえりを続けました。実験ごとに学習の大切なことを端的にまとめさせました。OPPAはある種カルテのようなもので，児童がどの程度理解しているか把握することができ，児童の実態に合わせて個別にフィードバックを与えることができました。

また，単元を通してタブレット PC を活用して実験の記録をしたり，発表スライドを作成したりしました。デジタルは紙と鉛筆では記録できない部分をカバーすることができ，児童に適切なふりかえりを行わせ，思考を促すことにつながりました。発表スライドづくりでは 1 人 1 台の端末で分担し，相互に送り合うことで協働しながらより良いスライドをつくる姿が見られました。

【児童の書いた OPPA の一例】

4 ふりかえり

❶子どもたちのふりかえり

・乾電池のつなぎ方でモーターの回る速さがそこまで変わるとは思っていなかったし，速いモーターカーは強い電流を流していることがわかった。

・電流の強さや流す時間をプログラミングすることで，遠いところでも，近いところでも速く安全にたどりつかせることができた。

・プログラミングでモーターカーをコントロールすることが面白かった。秒数のプログラムがちょっと違うだけで進む距離が変わるから，難しかったけれど面白かった。

・モーターはいろんなものに入っているから，うまく使うためにプログラミングをしているのだと思った。

・モーターカーを自動で止めるなんて無理だと思っていたけれど，みんなと協力してつくることができた。本当の自動運転の車はどんな仕組みなのか気になる。

・学習前はどうやって（モーターカーを）つくるか全然考えられなかったけれど，今ならつくり方を説明できる。

❷授業者としてのふりかえり

　理科の授業では問題発見・解決能力の育成を念頭において授業を行っています。理科はまさに探究の資質・能力を育む時間ですが，実際は時数の関係から児童が主体的に探究する時間の確保は難しい状況です。しかし，プチ PBL の考えから，学んだことを活かす場面をミッションとして設定する単元構成にすることで，一単元で探究の時間をつくれることがわかりました。

　ミッションを設定したことで児童の学びのモチベーションが上がり，主体的な問題発見・解決を行おうとする姿が見られました。発信する活動の際に，学校外の大人（企業や役所の方など）に向けて発表する場面を設定することができたら，児童のモチベーションがもう一段階上がったのではないかと感じました。

（金　洋太）

4 5年・保健「けがの防止」

【情報活用型プロジェクト学習　単元デザインシート】

ア．学年・教科：5年・保健

ウ．プロジェクトのミッション

みんなのけがを減らそう！

単元目標
・身近な生活における危険を予測したり，けがの原因や防止方法，けがへの対応について考えたり，自らの行動を
・身近な生活におけるけがの原因や防止方法，危険を予測する方法，けがの対応の仕方について理解している。
・けがの原因や防止方法，けがへの対応について表現方法を工夫して下級生に伝えることができる。

オ．収集「校内や地域でどんなけがが起きているだろう」	カ．編集「下級生にはどうするろう」

収集	収集	収集	編集（整理・分析）	編集（整理・分析）
 **a. 課題づくり** どんなけがが起きているか / 周りを見ずに校庭で衝突する事故を調べよう	**e. インタビュー** 養護教諭に / どんなけがが多いか	**d. アンケート** 下級生に / どこでどんなけがをしたか	**l. 関連づけ** 養護教諭のインタビュー，アンケート，経験 / どのような原因でどのようなけがをしているのか	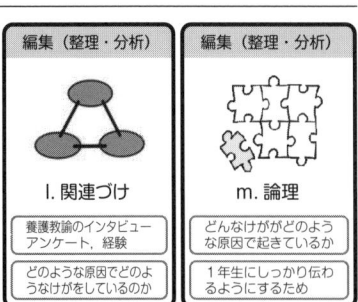**m. 論理** どんなけががどのような原因で起きているか / 1年生にしっかり伝わるようにするため

ク．情報活用能力（○この単元で育成したい　□この単元で発揮してほしい）

□課題に適した質問等を考える（A5L1） ○目的に合った質問の形式や内容を考える（A6L2）	□伝えたいことに合った表現 ○マトリクス表で情報を分

ケ．授業展開・教師の手立て

・どんな事故やけがが起きているのか理解し，原因を考える① ・事故やけがは人の行動と周りの環境が原因で起こること，人の行動は心の状態や体の調子と関係していることを理解する② ・インタビューやアンケートを実施し，事故やけがの原因を探る⑧⑪ ・班ごとに，けがの種類ごとに分担を決める⑦ （　2　）時間	・集めた情報をもとにけがの因果関係を思考ツール（マト・整理，分析したことをもと ・プレゼンテーション，ポスのアイデアで防止法を表現す ・1年生が理解できる表現，

ルーブリック	S	A
思考	けがの原因を減らす方法を生活に即して具体的に考え，適切な防止・対応を提案している。	けがの原因を突き止め，防止方法，けがへの対応について説明できる。
表現	相手の反応を見て，補足説明をしたり，質問に応じたりしながら発表することができる。	1年生を意識した資料を作成し，相手の反応を見ながら発表することができる。

イ．単元名：「けがの防止」
エ．期待する成果物 　けがの防止を啓発するためのプレゼンテーションや動画，ポスターなど

判断したりすることができる。

ればけがの防止法が伝わるだ	キ．発信「１年生にけがの防止法を伝えよう」
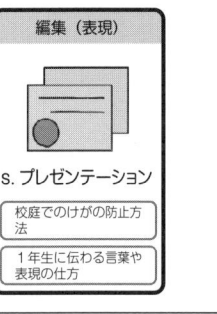	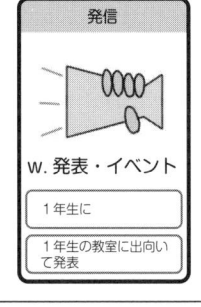 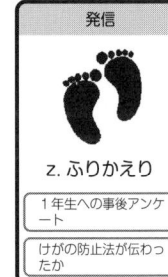
方法を選ぶ（B5L2） 類・整理する（C2L2）	□資料を使ってわかりやすく話す（A8L2） ○相手の反応を見ながら話し方を工夫する（B6L2）
場所や原因，心の状態などの リクス表）を使い整理する㉕ に，けがの防止法を考える㉒ ター，劇，紙芝居など，各班 る㉒㉚ 言葉かどうか点検する⑱ （　４　）時間	・１年生の教室に出向き，けがの防止法を発表する㉟㊱ ・ポスターは発表後に廊下に掲示する㉟㊱ ・１年生に発表がどうであったかアンケートを記入してもらう㊲ （　２　）時間

B	C
けがの原因に着目しているが，防止法，けがへの対応についての理解が不十分である。	けがの原因や防止方法，けがへの対応について理解が不十分である。
表現や言葉は１年生を意識しているが，相手を意識しない一方的な発表となっている。	表現や言葉の選び方が「１年生に」を意識していない。

1 授業の実際

❶授業前に準備したこと

　校舎内，校庭のどんな場所でどんなけがが多く起きているのかを養護教諭にインタビューし，表にまとめ配付資料としました。パワーポイントでのプレゼンテーションを想定し，社会科，総合的な学習の時間の調べ学習のまとめをパワーポイントで作成し，スライドづくりに慣れさせました。また，写真や動画を撮影するために，撮影のポイントを国語の時間に学習しました。NHK for School の番組，「しまった！情報活用スキルアップ」から第2回「調べる　写真撮影」，第8回「伝える　プレゼンテーションを作る」を視聴し，より良い方法を学びました。

❷課題づくり

　「保健の学習でけがの防止について学習し，校内でどんなけがが起きるか，それらを防ぐにはどうすればいいのかを1年生に伝えに行く」というミッションを伝えるため，「学んだことを，まだ学校のことがよくわからない1年生に伝えに行くのが高学年の務めではないか。」と投げかけました。子どもたちには，どのような言葉を使い，どのような表現をすれば1年生に伝わるか，そもそも，なぜ1年生に教えるのか，という部分に課題意識を持たせました。

❸情報の収集

　校庭で起きるけが4パターン，校舎内で起きるけが3パターン，安全のための工夫や努力1パターンの計8パターンを8班で1つずつ分担し活動しました。養護教諭へのインタビューをまとめた表と自分たちの経験をもとに，その場所の危険性やなぜその場所でそのようなけがが起きてしまうのかを各自付せんに書き出し，マトリクス表にまとめて整理しました。

❹情報の編集

　マトリクス表をもとにプレゼンテーションのプロットを作成し，どのようなスライド構成にするか，写真や動画などをどのように表現するか考えました。その後，プロットに基づき，動画や写真を撮影し，それらをスライドに挿入しながらプレゼンテーションを作成しました。「1年生に伝わる」をキーワードに，言葉選びを慎重にしながら作業を進めました。

❺情報の発信

　1年生に伝える前に，学級で事前のリハーサルを行いました。そこで，スライドの構成や言葉の使い方，話す声の大きさやスピード等をお互いに評価し，良い点や改善点を忌憚なく伝え合いました。学級内でのリフレクションをもとに自分たちのスライドや発表の仕方を見直しました。その後，実際に1年生の教室を訪問して発表しました。

❻ふりかえり

　1年生に発表したのち，1年生の担任から「1年生に伝わったか，良かった点，改善ができそうな点」というポイントで講評をしてもらいました。講評と1年生の様子をもとに，自分の班の発表が課題に迫るものであったかどうかを振り返りました。

2 探究の実際

❶伝えたいことをしぼり込む

　8つのテーマ（①廊下の曲がり角・階段の曲がり角での衝突，②廊下や階段を走る危険性，③教室でやってはいけない遊びやふざけ，④遊具での危険，⑤校庭の遊んではいけない場所，⑥校庭でぶつかる事故，⑦校庭でやってはいけない遊び，⑧安全のための工夫や努力）から，各班で1つを選択し，1年生に伝えることとしました。選択したテーマに関して，なぜその場所でそのようなけがが起きてしまうのかを付せんに書き出し，マトリクス表にまとめました。

　資料や自分たちの経験も踏まえ，たくさんの付せんが集まりましたが，1年生に伝えるべき

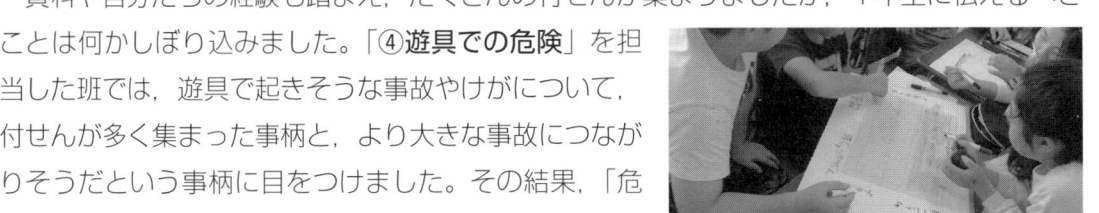

ことは何かしぼり込みました。「④**遊具での危険**」を担当した班では，遊具で起きそうな事故やけがについて，付せんが多く集まった事柄と，より大きな事故につながりそうだという事柄に目をつけました。その結果，「危険なぶらんこの乗り方はしない。」「雲梯の上に乗ってはいけない。」の2点を中心としました。

【情報をしぼり込む】

❷班ごとに発表資料を作成する

　話し合いの結果，どの班もパワーポイントでスライドを作成し，そこに動画や写真を挿入することにしました。まずは，1年生に伝わる言葉選びです。どうしても難しい言葉を選びがちで，あれこれと議論をしながら進めていました。動画や写真の撮影については，アップとルーズで伝わること，伝わらないことの違いなどを考えながら撮影していました。また，「ダラダラと動画を撮って

【演技を動画で撮影する】

しまっても伝わらない。」「カメラをパンし過ぎることもよくない。」「端的な動画が良いだろう。」と動画を撮影しながら，自分たちなりに模索し，よりよい方法を探りました。

【左：「④遊具での危険」グループ。ぶらんこでしてはいけないことを説明する動画，中央：「⑤校庭の遊んではいけない場所」グループ。体育館裏で遊んでけがをすると，人目がないために誰も助けに来ないことを説明する動画，右：「⑧安全のための工夫や努力」グループ。安全に生活するためには基本が大切なことを説明する動画】

3 探究の質を高めるポイント

❶気持ちの質を高めるポイント

　学習したことを「伝える相手がいる」「発表する場がある」「自分たちが伝えることで，相手にもプラスの効果がある」といった状況が準備されていると，子どもの学習意欲は高まると考えます。その伝える相手が学級の友だちではなく，下級生であったり，保護者であったりした時，子どもたちは伝える事柄についてより深く，具体的に考え，自分たちの学びや，思い，願いを伝えるために，主体的に表現方法を考えたり，資料の作成方法を考えはじめます。

　今回のプロジェクトでは，伝える相手を1年生と設定しました。「1年生は学校のきまりやルールで知らないことが多いだろう」「知らないがために，遊びに夢中になってけがをしてしまうだろう」ということは5年生であれば容易に想像できることです。「高学年として学んだことを伝えて，けがを防止してほしい」という子どもへの動機づけのためにも今回は対象を1年生としました。このことは，子どもたちにとって相手を具体的に意識し，伝えなくてはならないという気持ちの高まりにつながりました。

❷活動の質を高めるポイント

　活動の質を高めるために，普段の学習の中でも情報活用能力の育成をねらった活動を意図的に取り入れています。班で話し合う活動や，思考ツールを活用して考えを整理する活動，パワーポイントでプレゼンテーションを作成する活動，タブレットPCで撮影した写真をもとに説明する活動などを積み重ね，技能として身につけていくことで，プロジェクトに取り組む際も，活動の見通しを持って取り組むことができます。プロジェクト本来のねらいに迫る活動が十分にできると考えます。

　また，子どもたち自身でどの思考ツールを使って話し合いをするのかを決めたり，「ちょっとホワイトボードや思考ツールを使いたい」のように道具を選んだりするといった活動の仕方を選択する機会を設けています。普段の学習でいつでも活用できるように教室環境を工夫しています。

❸思考の質を高めるポイント

　けがの防止について，知識のみでの理解にとどめず，けがの原因をどうすれば減らすことができるか生活に基づいて具体的に考えさせていくことで，思考の機会が生まれます。加えて，1年生に伝えることで，「伝える内容のしぼり込み」「どのようなスライドにするか」「動画をどう撮影するか」「発表原稿は1年生も理解できる言葉か」など，さまざまな観点から子どもたちは思考を巡らせました。これらのことは，思考の質の高まりにつながったのではないかと考えています。

4 ふりかえり

❶子どもたちのふりかえり

　プロジェクトを通して，子どもたちからは，発表資料を作成する上で感じたこと，実際に1年生に伝えに行って感じたことの，大きく2点のふりかえりがありました。

発表資料を作成する上で感じたこと

・何を伝えればいいのか，班で話し合ってしぼることができた。

・1年生に伝わる言葉が実際どのような言葉なのか，選ぶのに苦労した。

・動画を撮影したが，どこを映せばいいのか難しかった。アップよりルーズの方がよさそう。

・見やすいプレゼンテーションを作ることができた。アニメーションはあまりつけない方がよい。

実際に1年生に伝えに行って感じたこと

・動画は1年生にもわかりやすかったようだ。

・発表する中身も相手の年齢に応じて考えることが大切だとわかった。

・1年生の反応を見ながら発表することができた。

・原稿を長く読んだ場所は1年生も飽きていたのがわかった。

・グラフがあれば1年生もわかりやすいと思ったが，1年生はグラフが読めなかった。

・話すスピードが速かった。

❷授業者としてのふりかえり

　今回のプロジェクトは「1年生に伝えに行く」というアナウンスで子どもたちの目の色が変わり，ねらいを達成するために，主体的・対話的な学びとなりました。当初のプランでは，劇やポスター，スライドなどさまざまな手法を使うだろうと予想しましたが，プロジェクトが進んでいくとどの班も「スライドに動画や写真を盛り込んで伝える」方法となりました。

　学級の友だちや保護者に向けて学習の成果を発表する場はこれまでにも経験していましたが，相手が下級生になるのは初めてのことでした。子どもたちの意欲は大変高まりましたが，言葉の選び方には多くの班が苦労をしていました。その結果，これまでよりも相手の立場をより意識して考えることにつながりました。子どもたちにまたひとつ，伝えるためのアイテムが増えたように思います。実際に1年生に伝えたことで，相手によってはグラフが適切ではないことや，長々と話してしまっては伝わりづらいことなど，新たな視点にも気づくことができました。

　プロジェクトに取り組んでいくことは，新学習指導要領の「学びに向かう力」を育むことにつながっていると感じます。学んだことを活かし，それらをどのようにまとめ，どのように発信するか考える中で，多様性を尊重する態度と互いのよさを活かして協働する力が身についていくからです。プロジェクト以外の学習場面でも，3の❷で書いたことを大切にしながら授業づくりをしています。今後も子どもたちにとってプラスとなるプロジェクトを開発し，取り組んでいきたいです。

(鈴木裕介)

5 6年・国語「意見を出し合おう」

【情報活用型プロジェクト学習　単元デザインシート】

ア．学年・教科：6年・国語

ウ．プロジェクトのミッション

オリジナル愛知旅プランを提案しよう

単元目標
・学級の共通課題について積極的に考えようとしたり，課題解決に向けて，ミッションシートを進んで作成・修正
・話すことの力の向上を目指して，学習履歴図で自分の学習内容について振り返ろうとしている。
・目的や意図に応じて，日常生活から情報を収集し，情報と情報を関係づけて，自分の考えを持っている。
・聞き手の関心や反応を高めながら，資料を使って提案できることを目指して発表メモを作成し，発表練習をした

オ．収集「旅の情報を集めよう」 ／ カ．編集「目的を達成する旅

収集	収集	収集	収集	編集（整理・分析）	編集（整理・分析）
	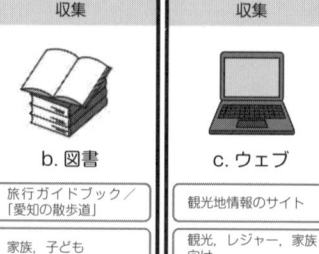				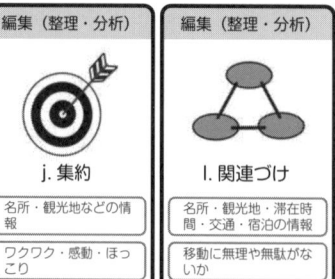
a．課題づくり	b．図書	c．ウェブ	e．インタビュー	j．集約	l．関連づけ
修学旅行のしおりのねらい	旅行ガイドブック／「愛知の散歩道」	観光地情報のサイト	旅行会社の人	名所・観光地などの情報	名所・観光地・滞在時間・交通・宿泊の情報
家族が楽しめる旅行プランを作ろう	家族，子ども	観光，レジャー，家族向け	旅行の企画をどのように立てるのか	ワクワク・感動・ほっこり	移動に無理や無駄がないか

ク．情報活用能力（○この単元で育成したい　□この単元で発揮してほしい）

□索引を使って効率的に情報を集める（A4L2） ○目的に応じた検索キーワードの工夫（A3L1）	□集めた情報を組み合わせて ○魅力的なプレゼンになるよ

ケ．授業展開・教師の手立て

・旅の随筆を紹介し，旅とは何か考える① ・旅行会社の方へプレゼンをしようと呼びかけ，ミッションを共通理解する② ・旅の目的に応じてグループを決め（4人グループ），役割分担をする⑧ ・学習活動カードを選びながら，ミッションシートを作成する③ ・調べる観点（ワクワク，感動，ほっこり）を確認し，目的に応じた情報を複数の情報媒体で収集させる⑪ （　4　）時間	・情報の足し算，引き算の方集めた情報の中から紹介する ・決定した内容がグループ振り返らせる⑲ ・聞き手意識を持って，発表

ルーブリック	S	A
思考	旅プランを複数検討し，優先順位をつけるなどして，プランを決めることができた。	グループで決めた目的を理解し，その目的に応じた旅プランをつくることができた。
表現	聞き手を意識して話し方を工夫した上で，資料のポイントを明確にして発表している。	聞き手を意識して話し方を工夫しながら，資料を使って提案している。

イ．単元名：「意見を出し合おう」

エ．期待する成果物

　目的を達成する旅のプランを提案する口頭のプレゼンテーション

しようとしたりしている。

り，発表したりしている。

のプランを考えよう」	キ．発信「オリジナル愛知旅プランを提案しよう」

編集（表現）	発信	発信
s. プレゼンテーション	w. 発表・イベント	z. ふりかえり
オリジナルの愛知旅プラン 話し方の工夫を選択して考える	旅行会社の人 教室	学習履歴図 ミッションシート 指さしを工夫したらしっかり伝えることができた

プラン名称を考える（B3L2） う話の順番を工夫する（B4L2）	□伝えたいことに応じて話し方を工夫する（A8L2） ○受け手を反応をみて話し方を工夫する（B6L2）
法を理解し，目的に応じて収 内容を決定させる㉕ の目的に合っているか点検し， 資料やメモを作成させる㉔㉛	・旅行会社の人にオリジナル愛知旅プランを紹介する㊱ ・旅行会社の人からの評価，学習履歴図，ミッションシート， 発表の動画を振り返り，自分の話すことの力についてのふり かえりを行わせる㉜㊷
（　4　）時間	（　2　）時間

B	C
グループで決めた目的を理解しているが，目的に応じた旅プランではない。	グループで決めた目的を意識せずに旅プランを考えている。
聞き手の関心や反応を高める話し方を工夫していたが，資料の見せ方とかみ合っていない。	聞き手の関心や反応を高める話し方の工夫を取り入れていない。

1　授業の実際

❶授業前に準備したこと

　旅の魅力とは，日常生活の煩わしさを一時忘れ，ワクワクなどの開放感を感じたり，心と体を癒やしたりすることです。また，現地で今まで知らなかった世界を見たり，実際に体験したりすることで，ガイドブックでは伝わらない迫力や雰囲気に感動します。これらの魅力に児童が迫るため，「ワクワク」「感動」「ほっこり」の3つのキーワードを想定しました。

❷課題づくり

　修学旅行後に，見学した場所でどんな気持ちになったのか考えさせることからはじめました。「ワクワク」「感動」「ほっこり」のキーワードで気持ちを表せることに気づきました。そこで，児童が在住する愛知県を題材に，修学旅行でお世話になった旅行会社の方に「オリジナル愛知旅1泊2日プランを提案する」ミッションを設定しました。条件として，「ファミリープランかキッズプランを設定する」「ワクワク，感動，ほっこりが味わえる内容」を提示しました。

❸情報の収集

　「図書資料」「インターネット」「体験」「インタビュー」の中から児童は2つ以上の方法を選択しました。レゴランドや名古屋港水族館，東山動植物園などの娯楽施設や，名古屋城などの名所や旧跡，焼き物体験など，さまざまな情報を収集し，それぞれの場所で「ワクワク」「感動」「ほっこり」に関わる特徴もメモしました。

【情報を収集する様子】

❹情報の編集

　グループで個々に収集した情報を整理し，「オリジナル愛知旅1泊2日プラン」を構想しました。情報から「ワクワク」「感動」「ほっこり」に関わる内容を関係づけ，グループごとに旅プランを考えました。旅プランのどこを誰が提案するのか担当を決めました。

【旅プランを話し合う様子】

❺情報の発信

　旅行会社の方に旅の魅力を伝えるにはどうしたらよいか考えさせ，発表メモづくりをしました。また，個人で発表メモをつくった後には，グループで伝えたい旅の魅力がわかるように，提案の構成を考えさせました。

　児童は，聞き手の関心や反応を高める話し方の工夫を取り入れ，資料を使って提案する発表練習をしました。旅行会社の方に来校していただき，オリジナル愛知旅1泊2日プランを提案しました。

【発表メモを作る様子】

❻ふりかえり

　旅行会社の方からいただいた評価を聞き，今までの学習で身についた話すことの力について

振り返らせました。

2 探究の実際

❶ミッションを理解し，どんな方法で解決するのか計画を立てる

ミッション「オリジナル愛知旅１泊２日プランを提案する」を理解した後，ミッションカードとミッションシートを使って，どんな方法で解決するのか計画を立てました。A児は，以前の自分の情報収集が不十分だったのは，複数の方法を使わなかったからだと考え，「インタビュー」「インターネット」「図書資料」と３種類の方法で情報を収集しようと課題解決に向けた計画を立てました。

【計画を立てる様子】

❷収集した情報からオリジナル愛知旅１泊２日プランを考える

A児のグループは，ミッションクリアの条件の中から，「ファミリープラン」を選択し，旅を通して「ワクワク・感動・ほっこり」の３つの条件を入れつつ，「ワクワク」がたくさん入ったプランを考えようと話し合いで決めました。それぞれが集めた情報を組み合わせ，ベストなプランができたと喜んでいました。

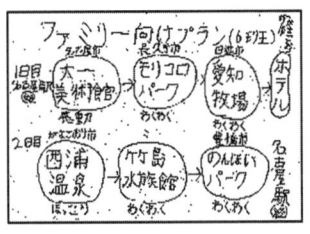

A児は，「豊橋総合動植物公園」を担当し，「インタビュー」　【A児のグループが立てたプラン】
「インターネット」「図書資料」の３種類の方法で，公園で見てほしいことや体験してほしいことなどの情報をたくさん得ていたので，どこの部分を特に紹介しようか考えていました。

❸発表の意図や目的に沿って，発表の要点を押さえて発表を考える

旅行会社の方に旅の魅力を伝えるために，収集した情報の中から伝えたい内容をしぼることからはじめました。A児は，「ゴマアザラシ，エサやり，恐竜博物館の３つは，絶対に伝えたい」とたくさんある情報の中からしぼることができました。

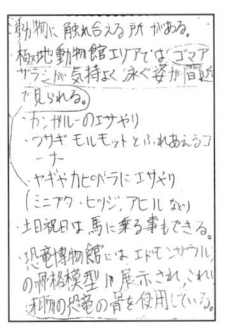
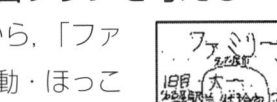
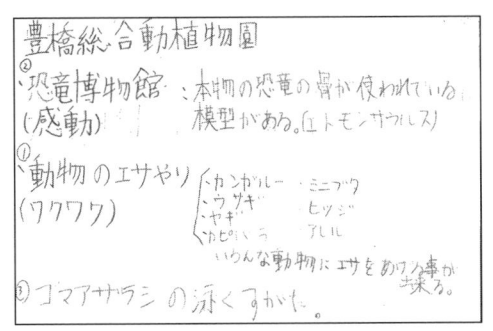

【A児が作成した発表メモ】

❹発表準備と発表

ミッションシートにあった話し方の工夫を組み合わせて，旅の魅力が伝わるように何度も発表練習を行いました。A児は目線が聞き手にいかないことが多いので，同じグループの友だち

を旅行会社の方に想定して，何度も本番のように練習をしました。

【A児が発表する様子】

> 次は，豊橋総合動植物公園です。ここでは，色々な動物と触れ合えるえさやりコーナーがあります。カピバラ，ウサギ，アヒル，羊，豚（指さし）などのかわいい動物と触れ合うことができるので，大人でも子どもでも楽しめると思います。次に，園内にある恐竜博物館についてです。ここには，エドモンドサウルスの模型（写真）があるのですが，この模型は本物の骨が使われているので，生で見ると迫力があるので見てほしいです。次に極地動物館エリアがあります。…（略）

当日は緊張しながらも，今までの学習の成果が表れるプランを提案できました。発表後，A児は「前の時よりも顔をあげて提案することができた」と満足げな様子でした。

❺ふりかえりをする

A児のグループは，旅行会社の方から一番よいプランと評価をもらうことができました。子どもたちは，旅の魅力が伝わったと喜ぶ様子が見られました。しかし，A児は以前よりも満足度は上がったけれど，まだまだ発表については改善の余地があると振り返りました。

3 探究の質を高めるポイント

❶気持ちの質を高めるポイント

修学旅行の添乗員だった旅行会社の方を招き，旅行のプロの方に，旅のプランを提案する活動を考えました。子どもたちは，プロの人に認めてもらえるように，常に旅の魅力とは何か，旅行会社の方に伝えたいことは何かということを考えて活動に取り組むことができました。

また，今回の単元は，前回のPBL型の授業で記述したふりかえりを参考にしながら取り組ませました。子どもたちは，「以前の自分よりも話すことの力を付けよう」と意識をしながら，どの活動にも取り組むことができました。

❷活動の質を高めるポイント

ミッションだけでなく，ミッションの条件を示しました。そうすることで，オリジナル愛知旅1泊2日プランの提案だけでなく，誰にとって，「ワクワク」「感動」「ほっこり」なのか，それぞれの施設の特徴がどのキーワードに当てはまるのか考えることができました。

また，学習の見通しを持って学習に取り組めるように，単元のはじめに，話すことに関する知識・技能の活用計画をカードを使って，子どもに立てさせました。そして，その計画をもとに，学習を進め，必要があれば，計画を修正しました。学習の途中では，「情報収集」「情報整理」「発表準備」「発表」の段階で，話すことに関する知識・技能についてのふりかえりをしました。そうすることで，子どもが見通しを持って学習し，話すことの力を身につけることができるようにしました。

❸思考の質を高めるポイント

情報の中で「ワクワク」「感動」「ほっこり」の内容に当てはまる特徴を意識的に収集させました。そうすることで，どの特徴が条件のどこの部分に当てはまるのか考えさせることができ

ました。子どもたちは，「ワクワク」「感動」「ほっこり」と書かれていない情報の中から，自分で関係づけて特徴を書き出し，その特徴をつなげてプランを作成することができました。

　発表準備の段階で，発表の意図や目的に沿って，グループで考えたオリジナル愛知旅1泊2日プランについて，発表の要点を押さえて発表メモをつくり，グループで発表内容を考えました。自分が提案する内容について，旅の魅力を伝えるために特に提案したい部分を整理させました。グループで決めた「ワクワク」「感動」「ほっこり」に関係する特徴に○をつけて整理させ，発表メモにしました。個人で発表メモにした後，グループでメモを並べ，どのような順番だと自分たちが考えた旅の魅力が伝わるのか検討させました。

4　ふりかえり

❶子どもたちのふりかえり

　ミッションを検証する時に，単元全体を振り返って記述させました。A児のグループの子どもたちが記述したものです。

・前の発表の時よりも，相手の反応を見ながらできました。今回の発表では，前と同じ指さしの工夫を入れたのですが，前よりも指さしの仕方がうまくなったと思いました。

・目線は聞き手を見ていたけれど，少しミスがあり，発表したいところがずれてしまうことがありました。次回は，今回の失敗を反省してつなげたい。

・発表の指さしなどの工夫が前よりうまく使えてよかった。

・情報を収集したり，発表したりするのは楽しかったが，考えていた工夫がうまくできなかった。発表に向けてもっと練習できたし，資料もわかりやすく工夫できたと思う。悔しい。

❷授業者としてのふりかえり

　「旅の魅力を伝えるために」をテーマに取り組みました。子どもたちは，プロの旅行会社の方に発表することを楽しみながら取り組むことができていました。また，前回のPBL型の授業を振り返らせながら取り組んだので，子どもたちの中では，「以前の自分よりも力を付けよう」という意識が多かったと思います。それが，話すことの力を伸ばし，この次ももっと力を伸ばしたいと主体的に取り組んでいました。

　PBL型の授業を一度経験している分，情報収集，情報整理は計画通りに進めることができていました。しかし，発表準備は「聞き手意識を持って」の部分が欠けていたので，発表メモづくりや，グループ練習など，予定よりも1～2時間活動時間を増やしました。

　また今回，私が一番重点に置いたのは，子どもたちにことばと向き合わせることでした。「ワクワク」「感動」「ほっこり」と書かれていない情報の中から，自分で関係づけて特徴を書き出し，その特徴をつなげてプランを作成することは，ことばと向き合うことそのものだったと思います。子どもたちなりに関係づけてことばをつないでプランが提案できたことは，課題解決型の授業としてだけでなく，国語の授業としても有意義な活動でした。　　　　　（垣見里紗）

中学校の情報活用型 PBL プラン

【情報活用型プロジェクト学習　単元デザインシート】

ア．学年・教科：1年・国語

ウ．プロジェクトのミッション
中学校の定期試験を攻略する学習通信を作ろう

単元目標
・収集した情報を整理し，受け手を意識して編集する力を身につける。
・情報を受け手に伝える表現について理解する。

オ．収集「どんな攻略法があるのか調べよう」　　　　　　　　　　　　カ．編集「情報の受け手を意

収集	収集	収集	編集（整理・分析）	編集（整理・分析）
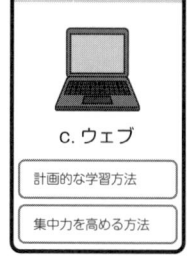				
a. 課題づくり	b. 図書	c. ウェブ	j. 集約	m. 論理
定期試験の勉強	英語の学習法，テストの花道	計画的な学習方法	さまざまな学習法	精選した学習法
英語をやる気が出ない，単語が覚えられない	やる気のコツ，覚え方	集中力を高める方法	根拠が明確，すぐにできる，英語で使える	受け手が理解しやすい順序になるように

ク．情報活用能力（○この単元で育成したい　□この単元で発揮してほしい）

□収集した情報を要約する（A7L3） ○信頼性を確かめて情報を選ぶ（B1L3）	□コンピュータを活用して共 ○中学1年生を意識した表現

ケ．授業展開・教師の手立て

・中学校に入ってからこれまでの学習を振り返り困っていることを挙げる① ・3名で班をつくり，解決する悩みを決める⑦ ・学校の図書館やインターネットで資料を探す⑫⑬ （　3　）時間	・調べた内容，出典などを付 ・付せんを分類整理し，どん⑳㉒ ・受け手を意識して記事をワ ・書いた記事をクラス内で相 ・Google スライドを共有し， ・レイアウトやデザインを工

ループリック	S	A
思考	具体的な方法と根拠を整理し，中学1年生が次の定期試験で実行できる内容になっている。	収集した情報を具体的な方法と根拠の観点で整理している。
表現	読み手が実際に学習法を使いやすいよう，図や表を文章と効果的に組み合わせている。	学習法を具体的な文章で表現している。図や表を文章の理解を助けるために利用している。

イ．単元名：「表現を考える」

エ．期待する成果物

　同じ中学1年生に対して，実際の定期試験対策が変わるような学習通信（新聞）を作る

識して攻略法を表現しよう」	キ．発信「表現の工夫について考えよう」

編集（表現）	発信	発信
q. 新聞	x. 展示・公開	z. ふりかえり
英語科のオススメ学習法	中学1年生	受け手の感想や他の班の作品
記事のレイアウト，見出し	廊下への掲示・配布	表やグラフを活用すると効果的にアピールできる

同作業を行う（A2L3） に書き直す（B5L3）	□作成した学習通信に責任を持つ（D1L2） ○学習通信の改善点を見つける（B8L3）

せんにメモする㉔㉕ な記事が書けるか班で考える ークシートに書く⑱㉗ 互に読み合いチェックする㉓ 書いた記事を打ち込む㉘ 夫する㉚ （　4　）時間	・学習通信をプリントアウトし廊下に掲示する㊸ ・他のクラスの学習通信を読んだ感想をもとに，表現の改善の余地等について振り返る㊲㊷ （　1　）時間

B	C
収集した情報を整理しているが，具体的な方法と根拠の観点が明確に示せていない。	収集した情報をそのまま利用している。
学習法が抽象的な文章で表現されていて具体性に欠ける。図や表が使われていない。	文章が編集されておらず，図や表を使用していない。

1　授業の実際

❶授業前に準備したこと

　まず，中学１年生の他のクラスの生徒に無記名，自由記述の形式で学習に関する悩みについて調査を行いました。

　アンケートの回答内容は，教科ごとの具体的な学習法に関する悩みと集中力が続かないなど学習全般に関する悩みに分かれました。

　アンケートの内容の確認後，５教科の学習に関する本とやる気の出し方など学習全般に関する本が学校図書館に十分にあることを確認しました。

❷課題づくり

　他のクラスの生徒から回収した学習に関する悩みアンケートの実物をクラスの生徒に見せました。共感できる部分など必要に応じてメモを取るように指示しました。班ごとに解決したい悩みを２つ選びました。

　また，このミッションを達成した場合に得られるものについて生徒に考えを発表させました。

【アンケートに目を通している様子】

❸情報の収集

　情報収集は図書室で行いました。収集した情報は付せんにまとめさせました。必要に応じてインターネットで調べて情報収集を行うように指示をしました。特にインターネットで調べる場合には，信頼性に注意するよう伝えました。

❹情報の編集

　相手に伝わる表現の工夫にどのようなものがあるか生徒に考えさせクラスで共有しました。

　学習通信は Google スライドで作成しました。１枚のスライドに班員がそれぞれテキストボックスで文章を入力しました。

❺情報の発信

【Google スライドで情報を編集している様子】

　作成した学習通信をＡ２サイズに拡大印刷して，中学１年生の廊下に掲示しました。他の班の表現の工夫について相互評価しました。

❻ふりかえり

　Google の Classroom を使い，ふりかえりを行いました。その後，他の人のふりかえりを読む時間を設けました。

2　探究の実際

❶学習環境と自分に合った学習法を探究するK君

【収集した情報をまとめたK君のノート】

社会科の試験勉強法と暗記法に自分の班のテーマが決まりました。図書室で資料を見つけて，付せんにまとめました。「一人ひとりにフィットした学習法」を見つけなければならないと考えはじめました。

❷自分に合った学習法には自己分析が欠かせないと気づく

「一人ひとりにフィットした学習法」を見つけるためには，自分の性格や考え方と向き合う必要性があることに気づきはじめました。自分の考えを整理するためノートに考えを羅列していきました。

❸トライアンドエラーが学びだと気づく

自分にフィットする学習法は試行錯誤する中でしか，見つからないと考えるようになりました。定期試験対策を繰り返す中で，自分に合った学習法が見つかるはずで，そのトライアンドエラーの過程こそが学びであると考えを深めていきました。

❹自分の考えの表出に苦戦する

班員同士で互いの記事をチェックしながら，学習通信の完成を目指しました。自分に合った学習法の必要性を伝えようと表現を工夫しました。最後まで試行錯誤していましたが，相手に伝わる表現になっていたかどうか，自分の記事に納得していないようでした。

【試行錯誤の必要性に気づいたK君のノート】

さて，皆さんはテスト対策と聞いて，どんなイメージを持っていますか？多分，「苦手教科を克服する！」とか，「単語を覚えまくる！」というのを考えると思います。実際，テスト対策というのは，「自己・相手分析」のことなんです。皆さんの周りにもいませんか？頭のいい人。そんな人がいるのは，とてもラッキーです。前の文に話したとおり，「相手分析」がテスト対策になります。相手を見て，自分を見て，相手の攻略法を考えること。これこそ，テスト対策になります。

では実際に，「じゃあどうやって分析するんだよ」と思っているそこのあなた！それは，「自分の性格・思考と向き合って，冷静に考える。」噛み砕くと，自分がどんな人間なのか見つめて，ゆっくり考えるという事です。これが，10代で強いられるテスト勉強を攻略する地図，僕はこれを「勉強法」と呼んでいます。勉強法には３つの勉強法があります。１つ目は「自分に合う勉強法」２つ目は「相手に合う勉強法」３つ目は「良くない勉強法」まずは「自分に合った勉強法」を探してみましょう！

【K君が書いた記事】

3　探究の質を高めるポイント

❶気持ちの質を高めるポイント

プロジェクトの内容が中学１年生として共感しやすいというのが挙げられます。中学１年生

になり１学期中間試験，期末試験と２度の定期試験を経験しています。学習の必要性や大切さを漠然と理解しているものの，具体的にどういう工夫があるのかはよくわかっていません。成績を上げたいという思いはあるが，学習時間を長くする以外の選択肢を持たず，今の学習法でよいのかと不安を感じています。また自分自身の困り感や成長欲求を満たす内容になっています。

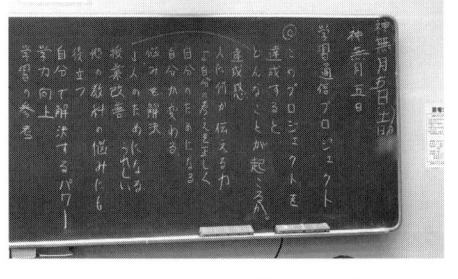

授業で今回のミッションの達成によって，得られるものを発表させました。他のクラスの生徒にメリットがあるのはもちろん，自分にも情報収集能力，編集能力以外にもメリットがあります。生徒から出た意見は折を見て共有しました。

【プロジェクト１時間目の板書】

❷活動の質を高めるポイント

それぞれが自分の記事を作成する時に，班員同士で記事をチェックする機会を設けました。中学１年生に伝わるように表現を考える上では，同じ中学１年生が読むのがよいと考えました。読んで，理解できる表現になっているか，モチベーションが上がる表現になっているか確認をさせました。

最初からパソコンで編集作業をさせると他のことに気が散ってしまうので，紙に書かせました。

【実際に記事を書いている様子】

❸思考の質を高めるポイント

複数の資料に目を通すことで，表現の工夫や図の有効性に気づき，自分の記事を工夫するようになります。また，情報収集の中で，普段自分が行っている自分自身の学習を振り返らなければなりません。当然，自分にはできそうもない学習法も出てくるので，その都度，記事の内容を吟味することになります。

今回のPBLではわかりやすい言葉に置き換える必要性を繰り返し伝えました。班員同士で記事をチェックする場面を頻繁に設け，読んでわからないところには，どういうことか尋ねるように指示しました。

4 ふりかえり

❶子どもたちのふりかえり

・学習通信プロジェクトでは，相手にどう伝えたら伝わるかなどを，みんなと協力して作ったため，自分たちの習ったことを活かして考えたり，伝え方を考えることが養われたと思います。反省点は，背景と文字の色を近い色にしてしまったところです。１時間目は，プロジェクトの内容とともに，伝え方や，今後の活動の確認をしました。２〜６時間目は，情報収集のために，図書室に行って，素材を考えて，集める作業でした。皆一人ひとり，本を家でも

読んでくれていたりして，皆が一生懸命に取り組んでくれて，本当にうれしかったです。アドバイスや，僕の作ったスライドにコメントしてくれていて，いいスライドが出来たと思います。

・もう少し具体的なことを調べてもっと説得力のあるものを書くという点ともっとオリジナリティのある面白い人を引き寄せるような記事を書く点。学んだことは自分の伝えたいことを文章にしてわかりやすく伝えるということ。

・難しい言葉を説明したり，丁寧な言葉で説明したりするのがとても大変だということがわかりました。資料収集で見つけた資料を要約することも大変でした。

❷授業者としてのふりかえり

　普段の授業の中で情報を切り貼りしてまとめる力はあると感じていました

学習通信　作者 ▓▓▓▓▓

学習性無力感
まず学習性無力感とは，行動と結果が関係がない経験をするうちに自分自身の行動が無効であると考えるようになり，客観的には，行動によって結果を変えられる場面に出会っても
「どうせ何をやっても関係ない」
と考えていまい，やる気がでなくなることです。
もし学習性無力感になってしまうと，自分自身の行動が有効であっても「やる気が出なくなってしまいます」。普通の状況だと自分自身の行動が有効だとわかるとやる気が出て来るのです。
このことから，やる気が出ない原因は，行動と結果が関係ないことなので，たくさんやって悪かった結果よりも良かった結果を覚えていたら，やる気が出てくるのだと思います。▓▓

生まれつきやる気がない人はいない
学習性無力感という言葉から，無力感は「学習」されるものということがだいたい分かりますね。あとから獲得されるものであって，しかもその人が置かれた環境によって変わってくるわけです。
生まれつきやる気のない人間なんて誰一人いません。皆さんの赤ちゃんのときに歩き始めたときに，何度も転んだり，痛い思いをしても立ち上がり，やる気抜こうとする意欲的な存在が「生まれ持ったもの」を表しています。しかもあかちゃんは，行動し何かを成し遂げようとする意欲的にも満ち溢れているだけでなく，知的探求への意欲にも満ち溢れています。見しそれを阻止しようとすると泣きわめいて講義するほど本来，人は意欲的に目地溢れた存在であることわ，物語っているのです。▓▓

自分にプレッシャーをかける
僕は自分にプレッシャーをかけることが集中力を上げることにおいて大切であると考えています。例えば自分が親に「テストで何点まで取らないとゲーム没収」と言われたときは必死で取り組み，良い成績を取ることができたという経験はないでしょうか。このように人は追い詰められることで圧倒的な集中力を生み出すことができるのです。これを踏まえて僕なりの集中の方法を考えてみました。まず，自分の好きな娯楽系のもの（ゲームや漫画など）をテストで何点以上取れなかったら禁止するように設定し，それを親に伝えます。そうすることによって自分にプレッシャーをかけ，勉強するという方法です。そして，設定した点が取れたら次は点数を高く設定してやるとだんだん点数があがって良いと思います。▓▓

家でやる気が出ないのなら
今回のアンケートで個人的に多かったなと思う悩みは家に帰るとやる気が出ないということについてでした。確かに，家にはゲームや漫画などたくさんの面白いものがあり勉強したくなってしまいます。このようなことを踏まえて僕が考えた案は家以外の場所で勉強するということです。例えば学校がある日は図書室が開いているのでそこで勉強し，学校がない日は家の近くの図書館などで勉強するということです。図書館や図書室はゲームなどがなく，静かなので集中しやすいと思います。しかし，この方法が家の都合などでできないという人や，試したけどだめだったという人は前の記事に書いた方法をためしてみてください。それでもだめだという人は自分にあう勉強法はきっとあると思うので本などで見た他の勉強法を頑張って探してみてください。
何事もまず試してみるのがいいと思います。▓▓

英単語を覚えるためには
英単語を覚えるために，必ず必要なことがある。それは，声に出して覚えることだ。声に出して覚えると，脳に言葉の定着率が上がるからだ。声に出して覚えるために大切なことは復習である。この復習も覚えたらすぐに行うよりも，忘れかけた頃に行う方が，効果が大きい。そして，当然楽しみながら勉強すると記憶がより固定される。なので，楽しみを見つけてみると良い。では，これから覚えるために重要なことを書く。それは，睡眠である。睡眠は，記憶を整理する大事なことだ。なので，試験前にやりがちな徹夜は効果はあまりない。記憶の整理ができなくなるからだ。だから，試験前も徹夜はやらないほうがいい。次に，書いてきたことをまとめると声に出して覚える。忘れかけた頃に復習。楽しく勉強，睡眠は大切なので，徹夜はしないことだ。みなさんもここに書いていることを，やってみると良い。▓▓

発音の仕方
みなさんは，上手に発音できますか。ここでは，発音の仕方を書いていきます。
V…上の歯を下唇の山の頂点より少し内側に押し当ててる。この発音は有声音になるので，少しのどを震わせて「ヴー」と声を出す。
f…このときの口の形は，上記Vとほぼ同じです。上の歯を舌唇の山の頂点より少し内側に押し当てるこの発音は，無声音ですので，声は出ません。息を吐くことで，抜ける音が正しい発音になります。▓▓

【完成した学習通信】

が，その内容を自分の言葉で説明する力が乏しいように感じていました。今回のプロジェクトでも，記事の内容が情報の切り貼りにとどまった生徒がいました。その一方，班員のチェックを繰り返し受け，修正を繰り返して，収集した情報を自分の言葉で相手に伝わるように意識して表現する生徒も出てきました。

　国語の単元のねらいである「受け手を意識して編集する力」は生徒同士の頻繁な相互チェックによって身につけられたと思います。中学１年生が中学１年生に伝えるという活動であり，スライドを共有し学習通信を作成させたため，相互チェックが思った以上に機能しました。今回の実践で課題となったのは，収集した情報の読解の指導をどうすべきかという点でした。教師として，生徒たちが収集した情報を正確に読み取れているかが気になりました。情報の出所（出典）の記載の仕方や，複数の資料を比べることで情報を確認するといった指導を頻繁に行うことによって，受け手を意識した表現の仕方だけでなく，発信する内容の質をより高めていけると考えています。

（高橋慶行）

7　1年・数学「資料の活用（データの活用）」

【情報活用型プロジェクト学習　単元デザインシート】

ア．学年・教科：**1年・数学**

ウ．プロジェクトのミッション 　夏の暑さについて，地元の気温データを用いて分析し，調べてみよう

単元目標
　・目的に応じてデータを収集して分析し，分布の傾向を読み取り，それをもとに説明できる。
　・分析したものを批判的に考察することで，事象をよりよくとらえたり判断したりできる。

オ．収集「住んでいる地域の夏が本当に暑くなっているのか調べよう」	カ．編集「度数分布表からグータについて，その分布の

収集

a. 課題づくり

地元の気温を振り返る
今年の８月はいつもより暑かったのか

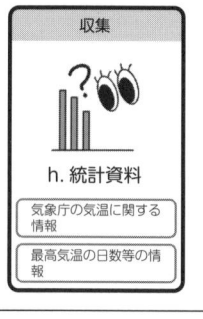

収集

h. 統計資料

気象庁の気温に関する情報
最高気温の日数等の情報

編集（整理・分析）

j. 集約

現在と過去の最高気温等のデータ
10年前と今年で最高気温の分布を調べよう

編集（整理・分析）

k. 比較

重ねた度数分布多角形
高温を示す部分の面積を比較する

ク．情報活用能力（○この単元で育成したい　□この単元で発揮してほしい）	
□課題解決に必要なデータの検索（A3L3） ○情報の出所や新しさを確かめる（B1L3）	□ヒストグラムや度数分布多 ○複数のグラフを比較しての

ケ．授業展開・教師の手立て	
・今年の夏の暑さについて振り返らせ，何をもって暑いとするかを考える②⑥ ・最高気温や真夏日の関係を確認する⑩ ・今回は気象庁のデータベースを活用し，地元の気温について，今年の８月の情報収集を行う⑬⑮ ・生活班（４，５人）ごとに検証方法の見通しを持つ⑦ 　　　　　　　　　　　　　　　（　１　）時間	・度数分布多角形を重ね合わたりすることでデータを比較 ・比較するために取り扱う過方を分担し，さまざまな階級れぞれのグラフの特徴や傾向

ルーブリック	S	A
思考	複数のデータから適切なグラフを作成し，分布全体の傾向や特徴を比較・読み取っている。	データと階級幅が適切なヒストグラム等を作成し，分布全体の傾向を読み取れている。
表現	グラフを比較した結果，主張したい点がより伝わるように表現を工夫している。	ヒストグラムや度数分布多角形を重ねるなどして，見た目でデータを比較可能にしている。

右側縦書き：小学校 / 中学校 / 高等学校

イ．単元名：「資料の活用（データの活用）」
丁　期待する成果物　月の最高気温の傾向を読み取るために，必要なデータから作成された度数分布表やヒストグラム，度数分布多角形をまとめたレポート

ラフに表し，現在と過去のデ傾向を読み取ろう」	キ．発信「住んでいる地域の夏の暑さの実態報告」

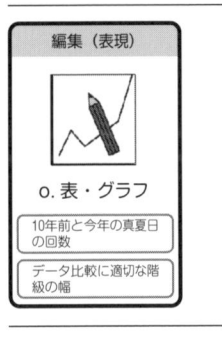

編集（表現）
o. 表・グラフ
10年前と今年の真夏日の回数
データ比較に適切な階級の幅

 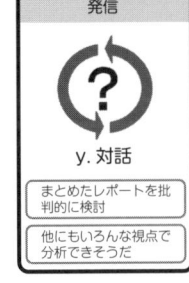

発信
y. 対話
まとめたレポートを批判的に検討
他にもいろんな視点で分析できそうだ

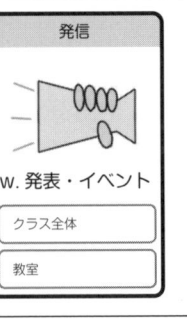

発信
w. 発表・イベント
クラス全体
教室

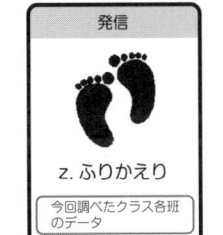

発信
z. ふりかえり
今回調べたクラス各班のデータ
やはり夏は暑くなっていたようだ

角形の作成（C6L3）データ分析（B2L4）	□グラフの特性を踏まえた受け手の意識（B6）○作成したグラフとその解釈を評価・改善する（B8L3）

| せたり，ヒストグラムを並べる㉕㉙去のデータを選び，分析の仕の幅での様子の確認など，そを調べる⑪㉗ | ・クラス内で発表し合う㊵㊶・今回まとめたデータが課題解決に適切であったか，また，他の情報でも分析できないか等を振り返る㊳㊷ |
| （　1　）時間 | （　1　）時間 |

B	C
ヒストグラムや度数分布多角形を理解しているが，データの選択や階級幅が適切ではない。	ヒストグラムや度数分布多角形の特徴について理解できていない。
ヒストグラムなどを使っているが，データの特徴を表すことができていない。	ヒストグラムや度数分布多角形を正しく書けていない。

1 授業の実際

❶授業前に準備したこと

　教科の単元内で実践するために，今回のメインの学習活動で使用するデータは，教師の方で用意しました。住んでいる地域（実践地の岡山市）の50年分の8月の最高気温データを気象庁のデータベースからダウンロードし，活動の際に生徒が表計算ソフトのフィルタ機能を用いて，特定の年のデータを表示，コピーしやすいようにもととなるデータを準備しました。

❷課題づくり

　「岡山の夏は本当に暑くなっているの？」という問いを設定しました。「暑さ」の指標となるデータは多種存在しますが，今回は8月の各日の最高気温に焦点を当てました。ニュースでは最高気温で判断される猛暑日，真夏日，夏日がよく取り上げられており，最初はそれらをもとに階級幅や基準値としてとらえて扱うことにより，日常生活とのつながりを大切にしました。

❸情報の収集

　各班にタブレット端末を2台用意し，まずは「今年の岡山市の8月の最高気温を調べ，階級が5℃間隔のヒストグラム及び度数分布多角形を作成してみよう。」と学習課題を設定し，こちらが用意したデータではなく，各班でインターネットを利用して必要なデータを収集（特に情報源は指定せず）させ，ヒストグラム作成ソフトを用いて，ヒストグラム等を作成させました。そして，作成の際に扱ったデータの信ぴょう性について議論し，気象庁のデータを扱った班にその検索方法を説明してもらいました。

❹情報の編集

　ここからは教師が用意していたデータベースをもとに，各班内で「暑くなったか」を調べるのに必要と思われるデータを選択し，ヒストグラム等を作成しました。タブレット端末画面上や実際に紙にかいたヒストグラムや度数分布多角形を比較・分析し，レポート（成果物）にまとめました。

❺情報の発信

　各自が作成したレポートを班内で検討する際に用いるワークシートに，この単元で求められる見方・考え方として必要な具体的項目「確認の際のチェックポイント」を印刷しておき，それをもとに議論し，いくつかのレポートを全体で共有しました。

> ①ヒストグラムや度数分布多角形は正しくかけている？
> ②そのデータの信ぴょう性はある？
> ③そのデータと比較したのはなぜ？
> ④その階級の間隔にした理由は？
> ⑤読み取っていることは正しい？

【確認の際のチェックポイント】

❻ふりかえり

　全体に発表してもらったレポートをもとに，示された結論が妥当かなどを検討し，今回取り扱ったデータやその解決法について確認しました。

ある班の課題追究での対話場面を紹介します。

❶過去50年の最高気温に関するデータを整理する場面

比較する上で必要なデータ数を見い出す場面です。

【タブレット端末を活用しながら
データ作成】

A：（グラフを読み取って）私が生まれた年の2006年がなんと
　　今年より暑くなっている！

B：2006年が暑かったのは，その年がたまたま暑かったという
　　ことでは？

A：私が調べたのがたまたま2006年のデータを
　　度数として扱っただけで，気象状況の情報
　　までは含んでいないのでわかりません。

B：それなら，もう少し他の年のデータを調べ
　　たら？

C：私は1969年と2019年を比べたら2019年の方
　　が暑くなっていた。

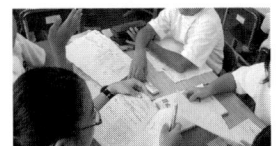

【岡山市の2006年と2019年のデータ比較】

　2つのデータの比較で気温が上がったと結論づ
けるのは難しく，このような対話をきっかけとして，扱うデータ数について再検討し，次のス
テップに進んでいく場面が見られました。

❷各自のまとめたレポートの検討及び考察で見えてきたことを議論する場面

　グループ内におけるレポート検討の際に，グラフの階級幅の違
いについての会話です。

A：どうして2℃刻みにしたの？

B：5℃刻みだと（分布の傾向が）あまりよくわからない。

A：2℃刻みだとわかりづらくない？

B：それこそなぜ5℃刻みにしたの？

A：夏日とか猛暑日には意味があるから。

B：でも…。

C：まぁ，人それぞれの意見だから…。

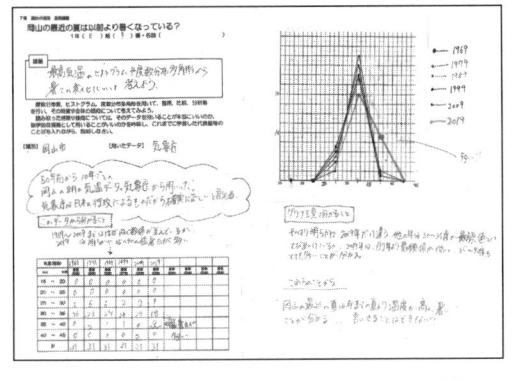

【班におけるレポート検討の場面】

　Aさんはデータが示す見た目のわかりやすさ，
Bさんは階級幅が示す意味について主張していま
した。どちらの意見も正しい根拠のもとでの発言
であり，よりよい解決に向けた検討をしていまし
た。

【本実践におけるレポート（成果物）の一例】

小学校

中学校

高等学校

3 探究の質を高めるポイント

❶気持ちの質を高めるポイント

　活動の際の教師からの「なんで？」（理由）や「本当に？」（真実）などの生徒の探究心を煽る突っ込み（追究の問いかけ）が重要だと思っています。今回では，生徒は心のどこかで何となく最高気温は昔より上がっているだろうなぁとは思っています。しかし，「最高気温が上がるって何？」「最高気温の何の数値？」「猛暑日の回数？」「最高気温のどんなデータを示せば，暑くなったと言える？」等，いざ聞かれると返答に困る場合が多く，理由を求めて次の活動に取り組ませました。すると，「データ，取り出し方によっては最高気温や回数は変わらない。」「今年よりか暑い年がある。」等の調べる中での新たな発見や疑問がさらに生じた時に，すかさず教師側が「じゃあ，それで本当に暑くなってないと結論づけることができる？」と突っ込みました。このようなやりとりを繰り返すことによって，生徒の学習活動に対するワクワクは止まらなくなり，探究がどんどん行われていくのではと思っています。

❷活動の質を高めるポイント

　数学において，情報活用型 PBL を行うには単元・教材選びが何より重要だと思います。中学校数学の４領域の１つ「データの活用」は，教科単元として学ばなければならない知識・技能と，情報活用型 PBL のデザイン時に検討した情報活用能力とが重なる部分が多い相性のよい領域です。また，教材として，教師自身も教材研究していくうちに新たな発見や疑問が生じ，さらに調べたくなるような題材かどうかは大切な要素だと強く感じています。

❸思考の質を高めるポイント

　日々の授業においては毎時間，ふりかえりシートに記述を行い，単元終わりには章のまとめのレポートを書かせて，その授業や単元における学びを振り返らせています。

　今回，ヒストグラムや度数分布多角形を用いて作成したレポートを検討するにあたり，「確認の際のチェックポイント」をもとに議論できるようにしましたが，これは生徒に身につけさせたい見方・考え方を，生徒にしっかりと意識させるためです。

　ワークシートの最後にも，今回の課題解決の際に①〜⑤項目のうち自分が意識した順に番号を並べ，自分が意識したことの順位づけを行うようにし，見方・考え方のより強い意識づけをしました。

```
☆課題の【確認の際のチェックポイント】について，今回の課題解決の際，
　自分が意識した順に項目番号を並べ変えてみよう。　例）①>②>③>④>⑤

（意識できた）　　③　>　④　>　②　>　⑤　>　①
```

【ワークシートのふりかえり部分】

4 ふりかえり

❶子どもたちのふりかえり

　この実践のふりかえりに書かれてあった生徒の感想や学び，新たな疑問等について以下のようなものがありました。

・確実にとは言えないけれど，この50年間で少しずつ気温が上がっていることがわかった。

・2つのデータを示すだけでは，参考にするデータとしては不確かだった。

・今回用意されている一番古い情報（1969）と新しい情報（2019年）を比べると，だいぶ最近は暑くなっていることがわかった。

・調べた年が近かったら，変化を大きくみることができない。

・データの種類や見せ方によって，信ぴょう性や正確性が変わり，結果が異なっていることがわかった。

・ある年が特に低かったり，高かったりという場合があれば，冷夏などであったかもしれないので，前後の年のデータも調べると正確に比較できる。

・猛暑日が多いだけでは暑いとは言えないので，平均気温や最低気温などの他の視点からも考えることで，信ぴょう性が高くなると思った。

・10年間隔で調べると，その変化がよくわかった。

・発表の仕方によって，受け取る印象が大きく変わった。

❷授業者としてのふりかえり

　本題材は教科横断的な学びとして，理科などの他教科とのつながりだけではなく，SDGsに即した活動としてもつなげ，意識づけすることができます。今回は中学1年の数学という教科の学びの中における探究活動ということもあり，大きなプロジェクトでさまざまな人を対象とした発信ではなく，あくまでプチPBLというイメージで，教科の一連の単元の中に組み込んで実践を行いました。

　「岡山の夏は暑くなっている」という傾向は何となくつかめますが，断言できるとは言えません。そこで，子どもたちが今，自分ができるレベルでの表現をどこまでしてくれるのか不安もありましたが，調べた結果からの根拠をもとに自分の主張をし，議論をしながら，結論を導こうとするさまざまな学びの姿を見ることができたことは大きな収穫でした。

　1年の資料（データ）の活用ということもあり，視覚的に全体の傾向が読み取りやすいヒストグラムと度数分布多角形で比較しましたが，異なる複数のデータの分布の比較という点では，中学2年で扱う「箱ひげ図」が有効かもしれません。しかし，階級幅を合わせて「猛暑日は○日以上」などの読み取りはできません。次年度，「箱ひげ図」を学び，「ヒストグラム」や「度数分布多角形」も併用して，今回のような学習活動を行うと，それらの有用性をより実感できるのではないかと思います。

（高田　誠）

8　2年・技術・家庭「エネルギー変換の技術」

【情報活用型プロジェクト学習　単元デザインシート】

ア．学年・教科：2年・技術・家庭（技術分野）

ウ．プロジェクトのミッション
消費者が乗りたいと思う電気自動車を開発しよう

題材目標
・エネルギーや力学的な機構を考慮して設計し，課題解決ができる。
・電気自動車を設計・開発段階で習得した用語を用いて図や文章で説明ができる。

オ．収集「自動車に必要な要素を調査しよう」	カ．編集「課題に合った電気
	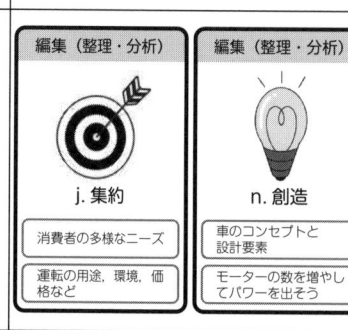

ク．情報活用能力（○この単元で育成したい　□この単元で発揮してほしい）

□キーワードや条件を工夫し検索する（A3L3） ○燃料，燃費，価格，重量など観点を定めて比較する（B2L2）	□提案する車のコンセプトを ○試作・試行を繰り返して改 ○動画やテロップを工夫して

ケ．授業展開・教師の手立て

・自動車に関する用語や基本概念（トルク，パワー，燃費など）の習得⑩ ・自動車会社のウェブサイトを検索し，自動車（エンジン・電気・ハイブリット）を比較する⑬ ・消費者が車を購入する条件を調べる⑪	・アンケート結果から消費者 ・走行コースの条件や消費者 プトを考案する㉒㉖ ・自動車を組み立て，試走を ・開発設計過程やコースの走 ⑲㉚ ・ニーズへの対応をアピール
（　2　）時間	

ルーブリック	S	A
思考	消費者のニーズと結びつけて課題解決の意図や根拠を明確に説明している。	エネルギーや力学的な機構を考慮して課題を解決し，適切な用語と意図や根拠を説明している。
表現	消費者のニーズにアピールするよう，CMの演出，テロップ等を工夫している。	設計コンセプトを伝えるようCMの構成，動画やテロップなどを工夫している。

イ．題材名：「エネルギー変換の技術」

エ．期待する成果物
・「TECH 未来」を活用した電気自動車を開発する
・開発した電気自動車の CM を制作し発表する

自動車を開発しよう」	キ．発信「電気自動車の CM をつくろう」

編集（表現）　u. 工作・プログラム
「TECH 未来」を使った自動車
ギア，モーターの数，位置，重要等

編集（表現）　t. 動画
設計の工夫点コンセプト
速さが伝わる撮影の視点やテロップ

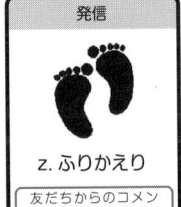

発信　x. 展示・公開
クラスの友だち
オンラインのアンケートフォーム

発信　z. ふりかえり
友だちからのコメント・班での話し合い
機構や回路をニーズにあわせて工夫することが大事だと思った

考案する（B3L3）
善策を見出す（C5L2）
CM をつくる（B5L3）

□クラウド上の友だちの作品にコメントする（A2L3）
○コメントと議論をもとに改善策を検討する（B8L3）

ニーズの把握⑳㉖
のニーズから設計開発コンセ

繰り返して改善する⑲㉗
行状態などの動画を撮影する

する動画の構成を検討する㉓

（　4　）時間

・オンラインで視聴会をする㉟
・お互いにオンライン上でコメントをする㊲
・コメントをもとに班で話し合う㉜
・評価カードにふりかえりを記入する㊷㊺

（　3　）時間

B	C
エネルギーや力学的な機構を考慮して課題を解決したが，意図を適切に説明できていない。	エネルギーや力学的な機構（回転数・トルク等）を考慮したが，課題解決に至っていない。
動画やテロップを工夫して CM を構成しているが，設計コンセプトとズレがある。	動画やテロップを用いているが，CM として構成されていない。

1 授業の実際

❶授業前に準備したこと

　電気エネルギーや機械要素の科学的な原理・法則や仕組みについて理解させるため，「TECH未来」を活用しました。電池・モータ・導線・ギヤ・フレームなど31種類のパーツから構成されており，すべてブロック式なので差し込むだけで組み立てができます。そのため試行錯誤しながら改良を加える

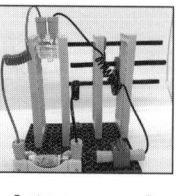

【ギヤシステム】

際に，ねじどめなどの作業は必要がなく，スピード感を持って製作に取り組めます。また単三電池1本とモータ，ギヤシステムを活用し，床を起点に1mの高さまで500mlのペットボトルを持ち上げる課題解決学習を行いました。

　「TECH未来」を一貫して活用し授業を実践する中で，基本的な知識・技能の取得とともに，生徒の工夫により多様な機構を創り出そうとしました。

❷課題づくり

　生徒が設計者視点を持ち，身近なものを設計製作できる「TECH未来」を活用し，ミッションを「消費者が乗りたいと思う電気自動車」としました。コースは路面状況の異なる4つのゾーンに右の写真の走行コース中央部を任意の高さに設定し，走行できる電気自動車を設計製作させました。

【走行コース】

❸情報の収集

　自動車を設計する視点を持たせるため，自動車会社のウェブサイトから燃料別（ガソリン・電気・ハイブリット）の車を検索させました。最大出力を基準とした車種分類から燃費，排気量，車体重量，車体価格の比較をしました。また，消費者が自動車を購入する際の条件を検索し，購入者の視点をまとめさせました。

❹情報の編集

　2，3人で班を作り，自動車を設計する視点，自動車を購入する際の視点から設計製作に臨みました。班で自動車設計のコンセプトを発案し，「TECH未来」を用いて試行錯誤し設計製作を行わせました。またCMを制作するために，自動車がコースを走行している動画撮影も同時に実施しました。

❺情報の発信

　コンセプトが伝わるテロップや自動車の特徴が表れている動画，興味を持ってもらえるBGMの選曲を行わせました。制作したCMをアンケートフォームで配信し，コメントを付けてもらいました。

❻ふりかえり

　設計製作のコンセプトが伝わったか，乗りたい自動車となっていたかについて，生徒が考えていた内容とCMのコメントを比較し，班で話し合わせました。また学習を通して学んだ内

容について，生徒一人ひとりにアンケートフォームで答えさせました。

2　探究の実際

❶自動車（燃料別）の比較

　自動車を比較するため，はじめに電気自動車について調査項目（燃費，排気量，車体重量，車体価格）に基づいて調査をさせ，次にガソリン自動車とハイブリット自動車について調査させました。同じ程度の最大出力に着目し，同じような車種になるようにしました。生徒Aは燃料別の燃費算出のしかたについて課題を持ちました。課題を解決していく中で，単に燃料にかかる費用で比較するのではなく，多角的に比較していかなければ検討ができないことを把握しました。

❷コンセプトの立案

　生徒Aはペアで自動車を設計することにし，自動車を設計する5つの視点と走行させるコース，坂道を設定するなどの条件を確認しました。ペアでのコンセプトを「**坂道やでこぼこ道，どんな所でも走れる速い車**」と立案しました。

❸自動車の設計製作

　生徒Aの班は，教師の提示した基本的な自動車を模作し，改良する方法で製作をはじめました。改良の視点として以下について考えました。

【設計製作の様子】

| ①タイヤの大きさ　②ギヤ　③車重　④電池の本数 |
| ⑤モータの数　⑥モータの位置 |

　具体的にはタイヤの大きさをそろえ，ギヤをチェーンにしたり，電池とモータの位置で重心が変わるなどを見つけたり，試行錯誤しながらコンセプトのように走る工夫をしていました。

❹CMづくり

　自動車会社のCMを参考に，テロップの言葉や動画撮影を消費者の視点に立ち，コンセプトが伝わるよう吟味していました。動画編集ソフトの操作に苦慮していましたが，BGMの著作権に配慮しつつ消費者が興味を惹く作品となりました。

【CM制作の様子】

3　探究の質を高めるポイント

❶気持ちの質を高めるポイント

　気持ちの質を高めるためにミッションを2つの視点で設定しました。

人物設定

　設計者視点に立たせるために，「電気自動車のデザイナー」としました。生徒は消費者として生活していますが，製品の設計者になる機会はありません。設計者の立場となり，消費者が

小学校

中学校

高等学校

求めるものは何かを考えさせ，モチベーションの高揚をねらいました。

時間設定

製品開発では，消費者に製品を届けるまでのスケジュールがあります。授業でも期日を設け，設計製作ができる授業時数を知り，授業への見通しを持たせました。

❷活動の質を高めるポイント

①教材活用の工夫

モータとギヤ，1本の電池で1本のペットボトルを持ち上げる課題解決型学習で学んだギヤシステムを活用させました。ここでのギヤシステムはパワー重視になっているため，スピード重視にしたり，パワーとスピードを兼ね備えたりできるよう，目的に合うようなギヤシステムの設計をさせました。

【TECH 未来の活用】

また，思うように自動車の設計ができていない班には，モデルを模作させ，改作，創作と取り組ませました。

②動画編集

消費者に向けて自動車を発表する手段として，「CMを制作する」と生徒が提案しました。制作し動画を視聴してもらうため必要な内容を話し合わせました。「BGMの著作権」「氏名・学校名などの個人情報」等についてクラス全体で確認し制作に取り組ませました。

【CM 作品】

❸思考の質を高めるポイント

①ワークシートの工夫

情報の収集・編集・発信のそれぞれの場面でワークシートを1部作成し，ポートフォリオとして活用できるようにしました（右ワークシート）。

②タブレットの活用

自動車を設計製作する際に，タブレットで全体像を写した静止画とコースを走行している動画で撮影させました。また試走をするタイミングで撮影させました。撮影した写真や動画から，

【情報の編集ワークシート】

自動車のこれまでの変容と走行の様子を確認ができ，試行錯誤した内容を確認しながら製作させました。

4　ふりかえり

❶子どもたちのふりかえり

CMを視聴した後のコメントを確認し，自由記述としてこれまでの学習を振り返らせました。

以下のような生徒の記述がありました。

・設計者の気持ちになって車を開発できた。

・限られた時間の中でどうすればこの車のメリットを消費者に伝えられるか考え，工夫しながらCMづくりができた。

・消費者の気持ちになってどんな車が欲しいか考えられた。

・班の人と協力しながらできた。また，改善策など意欲的に話し合いながらできた。

・物事をいろいろな視点から考えるのが重要だと思った。

・改めて回路の組み合わせ方，ギヤの仕組み，パソコンの使い方，技術の楽しさを学べたと思います。

・コンセプトにそって，「これをすれば速くなる」「これを付ければ重くなる」など，改良に改良を重ねた車を試走させるなど，自動車製作は大変なことがわかりました。

・消費者が乗りやすい車をつくるためにさまざまな内容を考えたり，CM制作で注意していかなければならない内容がたくさんあったり，設計の難しさや楽しさを学べました。

・どうすれば速くなるか，どうすれば坂を登れるかなどを考え，「電気回路」や「ギヤシステム」について再確認しました。

・自動車を効率よく走行させるには，動力や電気エネルギーについて知らなければならない。また消費者がどのようなことを求めているのかを考えながら設計する難しさがわかった。

❷授業者としてのふりかえり

　このプロジェクトは，中学2年の技術・家庭科「エネルギー変換の技術」において「消費者が乗りたい電気自動車を開発しよう」として実施しました。探究活動を実践するにあたって，新学習指導要領での学習過程を意図的に取り入れました。既存の技術を習得する場面で，技術に関する原理や法則，基礎的な技術の仕組みを理解させ，技術による問題解決の場面において探究活動を行いました。

　生徒へのインタビューから，「小学校理科の電気で習ったことを活用した」「国語の授業で習った新聞の見出しの付け方がテロップで活用できた」「数学や理科で習ったことを活用した」など教科横断だけではなく，小中の学びの連続性を確認することができました。

　動画の撮影・編集といったICTは，生徒がいつでも端末を活用できるよう準備しておくことで，生徒が活用方法を自分たちで考案しながら取り組むようになります。さまざまな教科で活用していくことで操作技能も高まっていきます。

　情報活用型の授業を根幹に，小中の学びを連続的にとらえ，教科横断でカリキュラム編成を行っていくことで，子どもたちの学びが変わっていく可能性を感じました。

（木村浩之）

参考）特定非営利活動法人　東京学芸大こども未来研究所：TECH未来研究サイト，http://techmirai.jp/（参照日2020年1月15日）

小学校

中学校

高等学校

9　3年・社会「地球社会と私たち（さまざまな国際問題）」

【情報活用型プロジェクト学習　単元デザインシート】

ア．学年・教科：3年・社会

ウ．プロジェクトのミッション 　同級生や後輩に国際問題の解決策について伝えよう

単元目標
・国際社会が抱える諸問題について関心を持ち，今後の国際社会のあるべき姿について意欲的に考え，追究しよう
・それぞれの国際問題について各々に結びつきがあることを考慮して，今後の取組を資料や既習事項をもとに構想
・国際社会が抱える諸問題について，それぞれの問題に関係する資料を収集・選択して，的確に読み取ることがで

オ．収集「国際問題の情報を集めよう」	カ．編集「情報をもとに発表

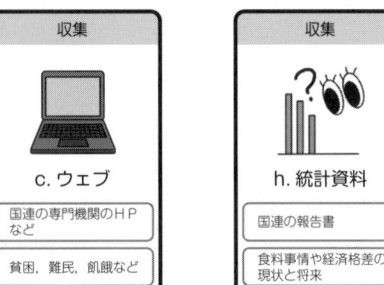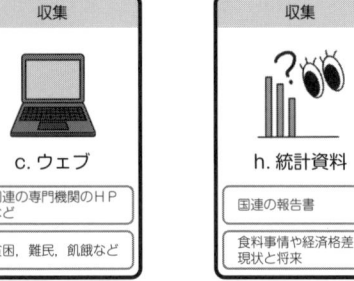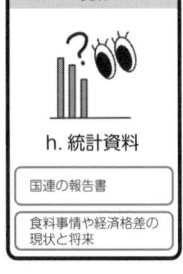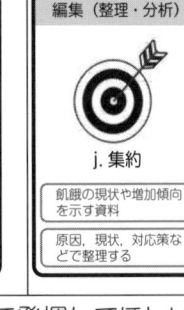

収集	収集	収集	編集（整理・分析）	編集（整理・分析）
a．課題づくり	c．ウェブ	h．統計資料	j．集約	l．関連づけ
動画教材を視聴すること	国連の専門機関のHPなど	国連の報告書	飢餓の現状や増加傾向を示す資料	他のグループが集めた情報
貧困・飢餓について考えよう	貧困，難民，飢餓など	食料事情や経済格差の現状と将来	原因，現状，対応策などで整理する	4つの問題の関連性

ク．情報活用能力（〇この単元で育成したい　□この単元で発揮してほしい）

□ウェブ検索で集めた情報の取捨選択（B1L2） 〇多様な情報の持つ意味を判断する（C2L3）	□ジグソー学習で得た情報から 〇動画や画像（データなど）を

ケ．授業展開・教師の手立て

・NHK for school の番組やグレタ・トゥーンベリさんの国連での演説を視聴させる① ・国際問題（地球環境問題，資源・エネルギー問題，貧困・飢餓問題，地域紛争・難民問題）について4人グループで各々に役割分担をして情報を集めさせる⑧ ・ウェブ検索等により収集させた情報を思考ツール（フィッシュボーンチャート）を用いて整理させる⑬㉕ （　2　）時間	・ジグソー学習のエキスパー 環境問題，資源・エネルギー 紛争・難民問題）を行わせる ・ループ図を活用したシステ 国際問題の関連性などについ ・SDGs の17項目を思考ツ グ）を活用させて，順位づけ ・国際問題の解決方法・手順 ャート）を用いてスライドを

ルーブリック	S	A
思考	問題間の関連を踏まえ，SDGs の17の達成目標と関連づけた解決策を考えている。	国際社会の諸問題に対して，SDGs の17の達成目標と関連づけた解決策を考えている。
表現	ウェブの最新情報を使う，資料を適切に加工するなどして，主張の説得力を高めている。	教科書や資料集のグラフやデータを効果的に用いて，主張に説得力を持たせている。

イ．単元名：「地球社会と私たち（さまざまな国際問題）」
エ．期待する成果物   　国際問題の解決方法やその手順を伝えるプレゼンテーション

としている。
し，適切に表現することができる。
きる。

スライドを作成しよう」	キ．発信「プレゼンの発表会をしよう」

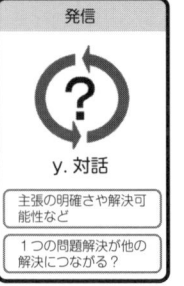

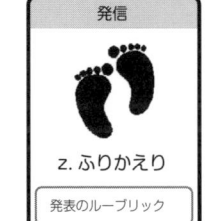

新たなアイデアを見出す(B3L3) 組み合わせて表現する(B5L3)	□作成スライドを活用した□頭発表（A8L2） ○後輩に向けて発表することを意識（B6L3）

ト活動とジグソー学習（地球 問題，貧困・飢餓問題，地域 ⑳ ム思考を用いて，それぞれの て検討させる⑳㉑ ール（ダイヤモンドランキン を行わせる⑳㉑ を思考ツール（ピラミッドチ 作成させる㉖㉚ （　3　）時間	・クラス内で作成したスライドを用いて発表会を行い，各ク ラスで8つの代表ペアを決めさせる㊴㊶ ・他クラスと後輩に対する発表会を催し，それぞれのクラス の代表ペア（合計で16ペア）に発表させる㊵㊸ ・発表会後ルーブリックを用いて，個人でふりかえりを行わ させ，全体の場で共有させる㊷ （　2　）時間

B	C
国際社会の諸問題に対して，既習事項をもとに解決策を 考えている。	環境・資源・貧困・紛争などの国際社会の諸問題に対し， 非現実的な解決策を考えている。
教科書や資料集のグラフやデータを用いているが，主張 の説得力を高めてはいない。	教科書や資料集のグラフやデータを用いないで主張して いる。

1 授業の実際

❶授業前に準備したこと

　持続可能な開発目標（SDGs）や国際連合の専門機関，日本の環境省，資源エネルギー庁が出しているリーフレットなどを調べ，どのような学習課題を設定するのかを検討しました。

❷課題づくり

　NHK for school のアクティブ10公民のSDGs を扱った番組，グレタ・トゥーンベリさんの国連での演説などを視聴させることを通して，既習事項である今日的な国際問題（地球環境問題，資源・エネルギー問題，貧困・飢餓問題，地域紛争・難民問題）の解決について切実感を持たせられるよう工夫しました。

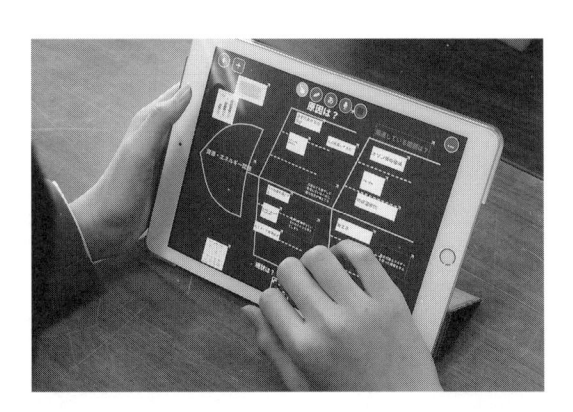

【個人検討の様子】

　その上で学習課題を「より良い地球社会を実現するために，国際社会は何をしていくべきなのか」に設定しました。

❸情報の収集

　学習課題に迫るために，上記4つの国際問題についてジグソー学習を行いました。その際，生徒にフィッシュボーンチャートを活用させることで多面的な視点からそれぞれの国際問題について情報を収集しました。

【エキスパート活動の様子】

❹情報の編集

　それぞれエキスパート活動で集めてきた情報をホームグループに戻り，共有しました。その後ペアに分かれて，生徒が選択したさまざまな思考ツールを活用することで，それぞれの国際問題の関連性を確認しました。それをもとにピラミッドチャートを活用して学習課題に迫るスライドを作成しました。

【ペアでスライドを作成する様子】

❺情報の発信

　作成したスライドを（1）クラス内での発表会，（2）他クラスと後輩を招待した発表会，の順番で発信しました。

❻ふりかえり

　「思考」と「表現」の観点のルーブリックを用いて振り返ることで，学習課題についてふりかえりを個人で記入して，全体で共有しました。

2 　探究の実際

❶「ジグソー学習」を用いて探究する

　ジグソー学習を用いて，教科書で取り上げられている４つの国際問題（地球環境問題，資源・エネルギー問題，貧困・飢餓問題，地域紛争・難民問題）の解決方法や解決手順を考えていくにあたり，それぞれの国際問題についての知識を深めていきました。

❷ループ図を用いたシステム思考により関連性を見出す

　K君は４つの国際問題の原因には相互関係があると考えて，以前の単元で活用したループ図を用いたシステム思考を学習課題の追究のために活用しました。このことで，それぞれの問題の関連性を把握できたようでした。

❸SDGs の17目標を参考に順序づけを行う

　K君はループ図等で組み上げてきた考えをもとに「持続可能な開発目標（SDGs）」の達成目標についてFさんと優先順位について話し合いました。

・K君：地域紛争の背景には貧困や経済格差があると思う。

・Fさん：貧困の背景には劣悪な教育環境などが考えられるよね。

　各問題の関連性を把握したことで課題に迫る議論が展開されていました。

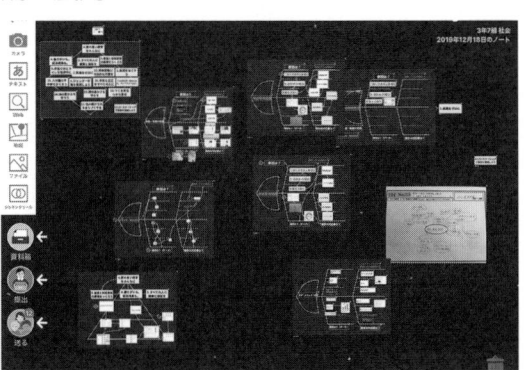

【ループ図を作成する様子】　　　　　　　　　　　【さまざまな情報の整理，選択】

❹教科書などの紙資料とウェブでの情報を複合的にとらえて探究する

　多くの生徒が教科書などに記載されている資料をスライドに取り入れるだけでなく，ウェブ検索を用いることで，自分の主張に適した情報を収集し，選択しながら活動しました。

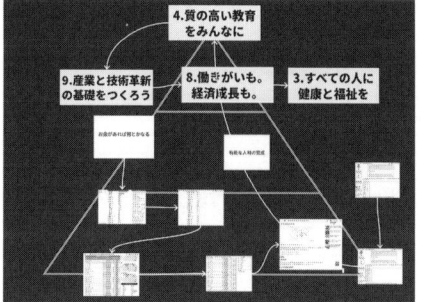

【完成したプレゼン資料】

3 探究の質を高めるポイント

❶気持ちの質を高めるポイント

　単元の導入で映像を視聴し，国際問題への切実感や切迫感などを生徒がイメージしやすいようにしました。加えて，クラスだけでなく他クラスや後輩に自分たちの意見を発表する機会を設け，知識活用の場面を与えることを通して学習意欲を高めることができるよう工夫しました。

【発表会の様子】

❷活動の質を高めるポイント

　学習課題を設定後，探究学習を開始する前に生徒にルーブリックを配付しました。ルーブリックは「思考」と「表現」の2つの観点でS・A・Bの3段階評価のものを活用しています。ルーブリックを配付することで，教師と生徒の学習のゴールを明確に共有できると考えています。

　また，そのルーブリックを発表会の生徒間での評価に活用したことで，同じ観点で生徒が学習に臨むことができました。

❸思考の質を高めるポイント

　学習課題に迫るにあたり，多くの思考ツールを活用しました。ジグソー学習の際は「フィッシュボーンチャート」で国際問題を多面的に見ること，ペア学習では「ループ図」でそれぞれの国際問題の因果関係を検討し，「ダイヤモンドランキング」によりSDGsの順序づけを行いました。また，プレゼンテーションのスライドづくりでは「ピラミッドチャート」を活用す

ることで，主張・理由・根拠を明確にしながら活動できるよう工夫しました。

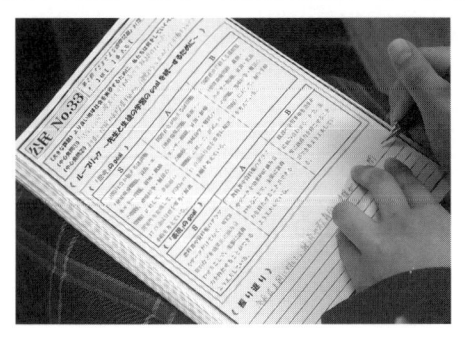

【ルーブリックによるふりかえりの様子】

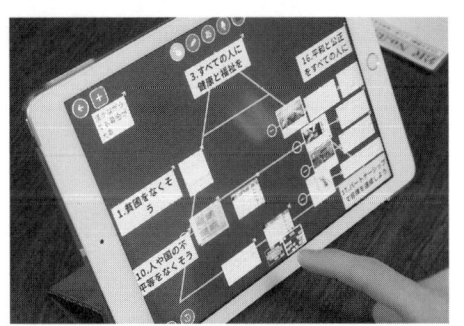

【思考ツールを使っている様子】

4 ふりかえり

❶子どもたちのふりかえり

　発信活動（発表会）後にルーブリックを確認しながら自由記述型のふりかえりの活動を行いました。ふりかえりの中で，以下のような意見や感想が寄せられました。

・私は「SDGs」の17の目標項目の中で，貧困の解決がすべての国際問題の解決策になり得ると考えていました。しかし，他のペアの発表から教育環境の改善の話があり，貧困の原因が教育にもあるということを知りました。

・「SDGs」の17の目標にダイヤモンドランキングで優先順位をつけました。その時私のペアではしっかりと根拠を持って上位４つを選んだつもりでしたが，他のペアの発表を聞くと，17の目標にはすべて関係性があり，バランスよく同時に行わなければならないのではないかと思いました。

・私は安全な水を確保することが最も大事なことだと思っていました。発表会を終えた今もその考えは大きく変わってはいませんが，「なぜ安全な水を確保できない環境なのか」などの原因を考えていくことが大切であると感じました。

・国際問題には，多くの原因が複雑に絡み合っていることを知りました。地域紛争に対して武力で介入して解決に導くという解決法が根本的な解決にならないことを知りました。

❷授業者としてのふりかえり

　今回のプロジェクトは，中学３年の公民分野の最終章を用いた探究学習ということもあり，生徒の中学校３年間の学びの集大成を見ることができ，３年間継続してきた探究学習の成果だと思います。

　当初の予定では発信活動（発表会）後のふりかえりの時間を１時間とり，更に学習課題について深める予定でしたが，十分な時間がとれなかったことが課題として残りました。改めて，生徒の学びの姿をとらえながら，授業計画を適宜見直すことが重要であると感じました。

（齋藤　純）

小学校

中学校

高等学校

【情報活用型プロジェクト学習　単元デザインシート】

ア．学年・教科：**3年・美術**

ウ．プロジェクトのミッション 　**身近な問題や，社会の問題等をポスターで伝える**

単元目標
・SDGs について理解を深め，社会問題を解決できる方法や他者に気づかせる内容を説明する。
・対象となる相手を意識して，文案（コピー），図柄や配色等の表現を工夫してポスターとして発信する。

オ．収集「社会問題・課題の情報を収集する」			カ．編集「社会問題を訴える
収集  a. 課題づくり SDGs とは何か？ 教育の問題を伝えるポスターを描きたい	収集  b. 図書 世界の子どもの教育の問題は何か 世界の教育，貧困，格差	収集 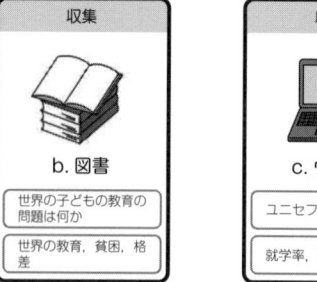 c. ウェブ ユニセフの HP 等 就学率，取組	編集（整理・分析）  j. 集約 なぜ教育が必要か（健康，防災，就業） 気づかせたい相手の関心 編集（整理・分析） 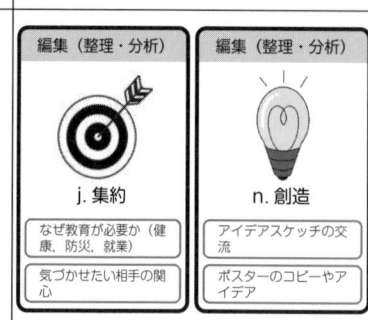 n. 創造 アイデアスケッチの交流 ポスターのコピーやアイデア

ク．情報活用能力（○この単元で育成したい　□この単元で発揮してほしい）

□グループで情報収集を分担して取り組む（B7L3） ○メモする際に出典も記録するようにする（D2L2）	□信ぴょう性を考えて情報を ○受け手を意識した図案を考

ケ．授業展開・教師の手立て

・ユニセフ SDGs 副教材を用いて，社会問題を受け取める。SDGs クイズを通して，自身がとらえている視点とずれに気づく① ・ウェブでの SDGs の17の指標から興味・関心を抱いた項目について，共通の課題意識を抱いた友だちと協力して情報を収集する⑧⑬	・社会問題について収集した共有する⑬ ・アイデアスケッチをもとに行い，ポスターにする内容を ・アイデアスケッチを交流し，を意識して内容を再検討する ・複数の文案（コピー）やア内容や配色をしぼり込み，ポ
（　4　）時間	

ルーブリック	S	A
思考	課題意識と日常生活の疑問を結びつけ，原因の考察や解決策を明確に示している。	問題点を探り，課題意識と自らの行動を結びつけた改善策を提案している。
表現	問題提起の内容に即した文案や書体，図案等であり，鑑賞者を意識した工夫した作品である。	問題提起の内容を踏まえて，書体や図案等の表現に工夫が見られる作品である。

| イ．題材名：「社会問題を訴える―SDGs をもとにしたポスターづくり―」 |
| エ．期待する成果物
　SDGs の17の指標を踏まえ，社会問題を気づかせるポスター |

内容をポスターで伝える」	キ．発信「訴える内容を発表する」
 r. ポスター・パンフレット 世界の人々が教育を受けたい気持ち 構図，配色の工夫	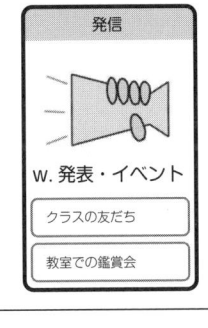 w. 発表・イベント　クラスの友だち　教室での鑑賞会 x. 展示・公開　文化祭に来た人　校内で掲示する z. ふりかえり　他者からの感想　世界の問題を表現でアピールすることは大切
選ぶ（B1L3） える（B6L3）	□ポスターを見せながら工夫点を発表する（A8L2） ○他の作品から伝えたい内容や表現を読み取る（B5L3）
情報を同じテーマの友だちと 文案（コピー）や絵の精選を検討する㉒ ポスターで気づかせる相手㉓ イデアスケッチから，伝えるスターを制作する㉔ （　8　）時間	・訴えたい内容について絵の内容，発表のわかりやすさなど，ルーブリックによる相互評価を行う㊴ ・友だちの作品に感想や作風の疑問等を質問し，作者は回答し，学び合わせる㊵ ・色や絵の内容から，鑑賞の気づきを伝え合う㊳ ・一連の学習活動を振り返り，自己評価を行う㉝ （　2　）時間

B	C
問題点を知り，課題解決策について気づきを提案している。	問題意識がなく，自身の考えや思いを提案できない。
問題提起しているが，書体や図案等の表現意図が不十分で，工夫が見られない作品である。	書体や図案等絵の内容から問題提起を読み取ることができない作品である。

1 授業の実際

❶授業前に準備したこと

SDGsについての予備知識や理解はなく，はじめてSDGsについて耳にした生徒たちでした。そのため，ユニセフから提供されているSDGs副教材[1]を用いて教えました。また，SDGsクイズ[2]を通して，現在の日本の置かれている環境について感じ取らせたり，受け取めさせたりしました。

❷課題づくり

生徒に配付したユニセフのパンフレットは，ワークシートとして活用できる構成になっています。17の指標を読み，自身が関心を抱いた内容に順位の記入や，関心を持った理由や調べてみたい内容について記入させ，調べるため根拠を持たせるようにしました。その他に，ユニセフの学習教材として配布された動画（水の問題，教育問題，医療問題等）の視聴を行い，漠然ととらえていたことから，調べる視点を明確にさせるようにしました。

❸情報の収集

タブレットの活用と，図書館の図書資料を用いました。クラスごとに個々が興味・関心を示した内容を一覧にまとめ，生徒に配付した後，同じ課題の生徒同士で協力して調査するようにさせました。

❹情報の編集

得られた情報を，学習グループの級友に紹介しました。調べた内容からの気づきや，SDGsの指標を踏まえて，自分や身近なことから改善できる活動「○○宣言！」を，記入していました。記入内容を踏まえて，個々がポスターで訴える内容として，絵の内容や文案（コピー）の構想をしぼりました。これらのアイデアスケッチについて生徒同士の助言を伝え合い，ポスター作品として表しました。

❺情報の発信

完成作品は，クラス内で作品の紹介を行い，訴えたい内容や図案の工夫について鑑賞会を行いました。校内に掲示することで，多くの人が鑑賞できる環境にしました。

【掲示された作品】

❻ふりかえり

自分の作品について，関心を持った内容を調べ気づいたこと，伝えたいこと，表現で工夫したこと等の一連の学習活動について，振り返りました。また，15歳の今の自分にとって提案できることを，再度振り返りました。

2 探究の実際

❶人権問題をテーマとしたＡさんの探究のストーリー

　SDGs 指標16「平和と公正をすべての人に」に関心を持ちました。特に，差別や人間らしい生活ができていない人がいることは気掛かりで，平等で公正な生活を訴えたいと感じました。また，子どもへの暴力やジェンダー問題も気になりました。

❷伝えたいことをしぼり込む

　関心を抱いた内容から，思いつくまま言葉を羅列し，発散的に考えてみました。そして，調べた内容から得た情報をもとに，図案を工夫するアイデアを出していきました。

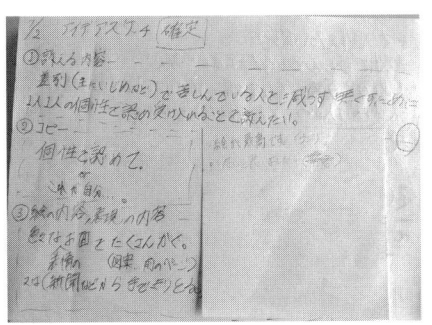

【アイデアスケッチ例】

❸作品事例や友だちの意見交換から気づく

　調べた内容の紹介や友だちとの意見交換等から，自分が表現したい絵の内容や文案が見えてきました。特に表現の方法は，人の顔を描くのではなく，表情のない仮面を描いた方が面白いと感じはじめました。

❹アイデアスケッチ

　伝えたい相手をしぼり込んだことで，文案（コピー）を英文で書くことや，訴える言葉を短くするなど伝わりやすさを考えました。コピーが確定した後は，書体や画材を吟味し，紙面の貼り合わせで表した方が，自分が伝えたい内容が明確になると判断しました。

【アイデアをしぼったノート】

❺作品へ

　SDGs の内容は，既に知っていたこともありました。しかし，調べていく過程で，より深く知ることができ，世界の諸問題や平和とは何か考えさせられました。そして，今の自分に何ができるだろうか？と考えました。平和な世界を望みますが，そんな簡単なことではなく，自分がされてうれしいこと，悲しいことを気づかせられるようになってほしいです。作品はクレヨンで描いて，しわを寄せた紙を貼り合わせるなど構成を工夫するなどして，表現を工夫しました。

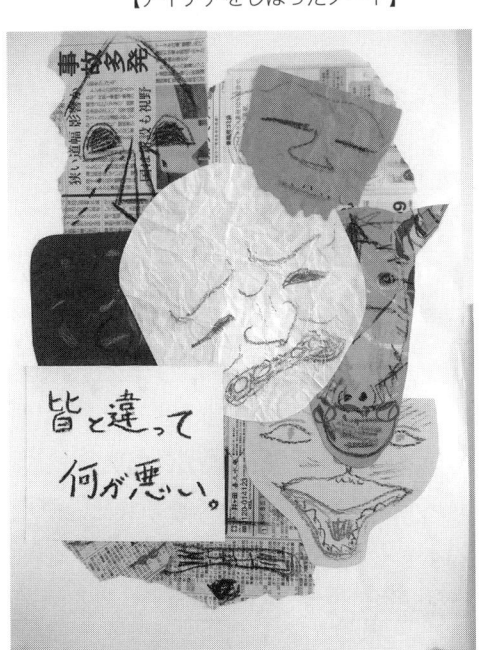

【作品「皆違って何が悪い。」】

3 探究の質を高めるポイント

❶気持ちの質を高めるポイント

　映像資料は，活字や教師の説明より個々が受け取めやすいものでした。特に，ユニセフ DVD 学習教材の動画は，3分から5分程度の映像で，生徒たちと同世代の子どもたちの置かれている環境や言葉から，考える動機づけにつながりました。

　授業内の情報収集時間は限られているため，インターネットを利用する際は，生徒が知りたい情報を得られやすいサイトを紹介し調べさせました。毎時の授業ふりかえりで，調べた内容と，自身が考えたことを発表させるようにしました。

❷活動の質を高めるポイント

　ポスターとして仕上げる前に，生徒同士で意見の交流を行いました。個々が調べた内容や，アイデアスケッチを紹介させ，友だちが調べた内容と自分のアイデアを結びつけて図案にした生徒もいました。ポスターとして仕上げる前のアイデアスケッチでは，対象とする相手や場所を想定しながら，考えさせるようにしました。生徒の中には，思考していることを絵に表すことが追いつかない生徒もいました。そのような生徒を対象に，自分が困っていること（絵の描き方，構図，文案等）を記させて回覧し，他者からの助言をもとにアイデアを深められるように働き掛けました。

【意見交換の様子】

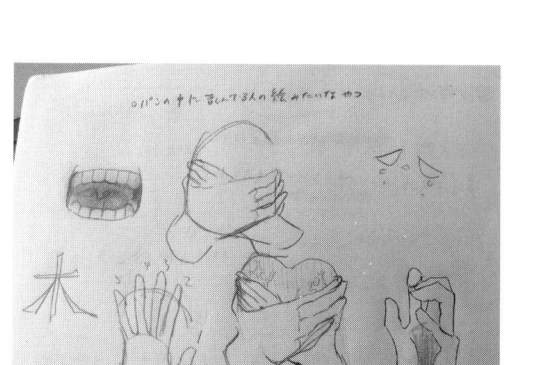

【飢餓を訴えるためのアイデアスケッチ】

❸思考の質を高めるポイント

　3年生の学習だったことも含め，既習事項を活かして，表現手段を考えさせるようにしました。伝えたい相手を踏まえ，書体の形や配色について作品に表現させました。その結果，絵の具で塗るだけではなく，薄く色を塗ったり，色鉛筆で表したり，貼り合わせによる表現等で多様な作品が生まれました。また，これらの表現の工夫は，作品完成後の発表会で，お互いの工夫を認め合うことにもつながりました。

4 ふりかえり

❶子どもたちのふりかえり

「学びたい。」の作者の感想。SDGs について調べていくうちに，世界の諸問題が予想以上に多く，何ができるのか考えるようになりました。今の自分ができることは，ボランティア活動に目を向けることや，積極的に参加することで，少し課題の解決に近づくのではないかと感じました。また，さまざまな環境の中で，基本的人権が尊重されているのか，今の私たちの生活が普通だと思わないで過ごしてほしいと感じました。作品については，女の子を目立たせたことや，長い言葉にすると印象に残らないと考え，「学びたい。」と，厳選した言葉で中央に配置することで印象深く伝えたいと考えました。

【作品「学びたい。」】

「終わらせよう飢餓」の作者の感想。自分が見せたい命については，命を表す心臓の血管が，浮き上がるように細かな描写を心掛けました。また，歯の色をすべて白で表現するのではなく，赤の色の補色の薄い青色を薄く塗り重ねることで，生命感を表せるようにしました。当初，背景は黒一色でしたが，どことなく平凡な作品だと感じました。そのため，図書室で見た飢餓に苦しむ人を中心とした，写真を使用したコラージュをすることで，さらに印象強い表現にしました。

❷授業者としてのふりかえり

17の指標から，調べることや発表し合う時間が多く，生徒の中に

【作品「終わらせよう飢餓」】

は，「美術の授業だろうか？社会の調べ学習のようだ。」ととらえた生徒もいました。しかし，社会科や理科などの教科書に載っている内容を話題にすることで，生徒たちの中から「授業で勉強した。」といった声もありました。作品の発表は校内発表にとどまってしまったので，校外で作品を発表する機会があればさらに深まりを得ることが期待できます。また，SDGs について調べる過程で，生徒たちが現在使用している教科書には，大きく取り上げられてはいませんでした。今後は，現在の社会情勢に目を向けさせるためにも，他教科と結びつけた授業構成や，新聞を活用して[3]，生徒たちの関心を持った分野を更に考えさせ，多面的に見方を広げるような働き掛けを進めたいと感じました。

(矢﨑ひさ)

[1]：私たちがつくる持続可能な世界　ユニセフ提供
[2]：国立大学法人　長岡科学技術大学　SDGs ゲームの提供から利用
[3]：朝日新聞ワークショップでは，SDGs について考えるワークショップを行っている。

小学校

中学校

高等学校

11　1年・数学Ａ「場合の数・確率」

高等学校の情報活用型ＰＢＬプラン

【情報活用型プロジェクト学習　単元デザインシート】

ア．学年・教科：**1年・数学Ａ**

ウ．プロジェクトのミッション 　**宝くじから合理的な判断をしてみよう！**

単元目標
　・場合の数を求める時や確率についての基本的な考え方を具体的な事象に用いて活用することで理解を深める。

オ．収集「宝くじの情報を集めよう」	カ．編集「集めたデータを整

収集

a. 課題づくり

日本の宝くじの期待値は？

アメリカの宝くじを分析してみよう

収集

h. 統計資料

各国の宝くじの発行枚数，当選方式，価格等

アメリカの宝くじの当選に関する情報

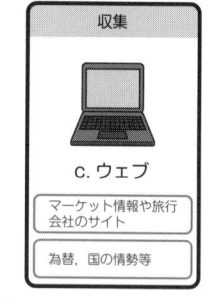

収集

c. ウェブ

マーケット情報や旅行会社のサイト

為替，国の情勢等

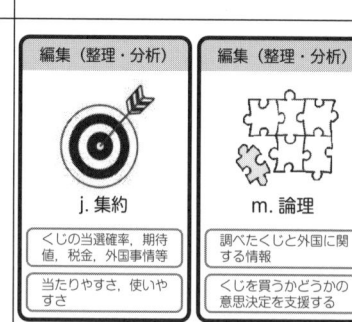

編集（整理・分析）

j. 集約

くじの当選確率，期待値，税金，外国事情等

当たりやすさ，使いやすさ

編集（整理・分析）

m. 論理

調べたくじと外国に関する情報

くじを買うかどうかの意思決定を支援する

ク．情報活用能力（○この単元で育成したい　□この単元で発揮してほしい）	
□ウェブ検索の結果から必要な情報を選ぶ（A3L3） ○役割を分担し，学習計画を立てる（B7L3）	□調べた情報を伝えたいこと ○アウトラインをもとに内容

ケ．授業展開・教師の手立て	
・宝くじを買った話題から，売り場や選ぶ数字によって当選しやすさに違いがあるかを考え興味を高める① ・ロト7を例に宝くじの確率や期待値を導き出してみる⑩ ・グループごとに相談し，提示した宝くじの中から興味・関心の高いものを選び課題を設定する② ・目標，ルーブリックを共有し，評価基準への到達を目指して取り組む③ （　1　）時間	・複数の資料に対して分析の ・役割分担を明確にし，情報 ・スライドを協働で制作し，

ルーブリック	S	A
思考	宝くじについて，独自の視点で分析・考察した結果を活かして論理的に主張している。	宝くじについて，分析した結果を活かして論理的に主張している。
表現	・資料の見出しや色を工夫し，明確に主張した。 ・発表を構造化し，役割分担に活かした。	・表やグラフを根拠に自分たちの主張を説明できた。 ・班で発表を役割分担している。

| イ．単元名：「場合の数・確率」 |
| エ．期待する成果物 |
| おすすめする宝くじを分析したプレゼンテーション |

理し，分析しよう」	キ．発信「Google スライドを利用し，発表しよう」
編集（表現） s. プレゼンテーション くじの説明，当選確率，期待値，おすすめする点 日本と比較した時の有益性	発信 w. 発表・イベント 教師 教室　　　　　発信 z. ふりかえり 教師，生徒からのフィードバック 数学で実社会の問題を分析することができた
に応じて取捨選択する（B1L3） を適切に構成する（B4L3）	□聞き手の反応を見ながら発表する（A8L3） ○評価の仕方（B8L3）
方針を検討する⑰ を共有しながら進める⑳ 発表練習を行う㉘	・教室で担任を招待し，班ごとに発表を行う㊱ ・自分たち以外の班のもっともよい発表を選び投票する㊲ ・学内の先生方に見ていただき，コメントと評価を得る㊲ ・ルーブリックをもとに，個人でのふりかえりを行う㊷
（　1～2　）時間	（　1　）時間

B	C
宝くじについて，場合の数や確率の知識を活用して分析したが，主張に活かされていない。	宝くじについて，場合の数や確率についての知識を活用した分析ができていない。
・表やグラフが主張の根拠には不十分である。 ・聞き手に伝わる声量で話している。	・表やグラフを使用していない。 ・声が小さく聞き手に伝わる話し方ができていない。

1 授業の実際

❶授業前に準備したこと

インターネットを用いて宝くじについて調べました。日本国内の宝くじだけでなく，世界中の宝くじに目を向け，それぞれの特徴や魅力などをまとめ，教材として活用できそうか検討しました。

❷課題づくり

クラス担任が新築で家を買いたいという設定で，宝くじをその資金に当てることができるように，おすすめの宝くじを紹介してみようという内容にしました。

❸情報の収集

グループごとに教師側で選んだ宝くじのリストの中から興味のあるものを選びました。宝くじの情報をまとめた資料を配付し，インターネット等を利用し，さらに詳細な宝くじの情報や為替，それぞれの国の情勢などを収集しました。

❹情報の編集

配付した資料をもとに，確率を求めました。その後，期待値を求めた上で物価や為替，その宝くじの持つ性質などをもとにどのようにおすすめするか考えました。グループでGoogle スライドに宝くじの説明，実際に求めた確率，期待値，おすすめポイントをまとめました。

❺情報の発信

作成したスライドを利用し，クラス担任に向けてグループごとに発表を行いました。

❻ふりかえり

スライド発表後に Google フォームを利用し，相互評価を行いました。併せてクラス

【生徒に配付した資料】

【グループで話し合っている様子】

【発表の様子】

担任からもっとも買いたいと思った宝くじを選んでもらいました。さらに，Google フォームを利用し，個人個人のふりかえりを行いました。

2 探究の実際

❶グループで探究する

ヨーロッパで行われている「ユーロミリオンズ」を選んだグループの様子です。まずは，当選確率を計算しました。このくじは当選パターンが多いため分担を決め，それぞれに計算しました。その後，期待値（確率変数がとる値とその値をとる確率の積を足し合わせたもの。ここでは合計からそれに要する費用を差し引いて求める）を求めましたが，数字が大きいこともあり，計算には思った以上の手間がかかりました。

❷確率から見えてくることを整理する

複雑な計算を終え，出てきた期待値は当然マイナス。ここからどうやっておすすめポイントを考えるか，意見を出し合いました。その中で，1等が当選しにくいことを逆に使えないかという発想が…。

❸新たな発見

1等が当選しにくいことから，キャリーオーバー（次のくじに賞金が持ち越されること）が起こりやすい宝くじであることに気がつきました。何度か繰り返せばいずれ期待値がプラスになることがあるのではと考え，再び計算をスタート。検算の意味も込めて，グループ全員で計算をしました。なんと，22回キャリーオーバーすると期待値はプラスになることを発見します。そして，現実に何度か起きていることも調べてわかりました。

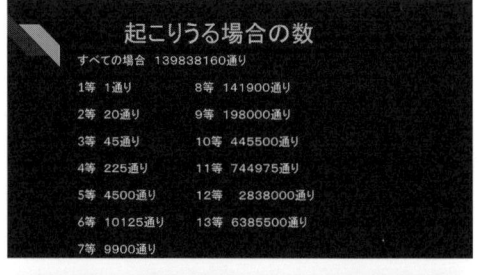
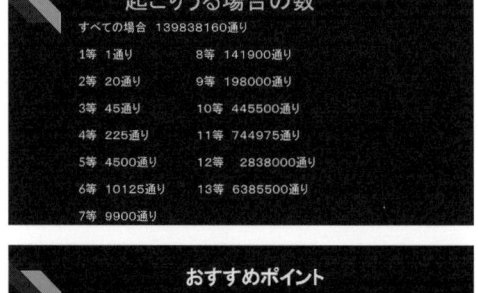
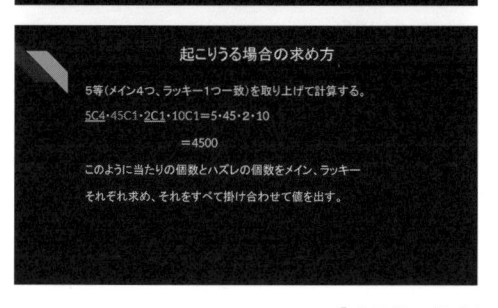

【成果物・作成したスライドの一部】

3 探究の質を高めるポイント

❶気持ちの質を高めるポイント

プレゼンテーションの場面で、いかに聞き手を惹きつけるかというところに焦点を当てました。今回の場合は、クラス担任が発表を聞きどのように感じるかを考えてまとめるよう指導しました。

単元の最後に、クラス担任に発表の感想を聞く場面をつくり、伝わった満足感を味わえるようにしました。

【説明している様子】

❷活動の質を高めるポイント

既習事項である確率をもとに考えていきますが、考え方や計算の場面で「当たりだけ選べばいい？はずれは考えなくても大丈夫？」のような疑問が出てくることがあります。「自分たちで解決するにはどんな方法がある？」と個人の疑問を集団の問題解決につなげる声掛けを行い様子を見るようにしました。すると、自然とグループ内で会話が生まれ、自分たちで解決する方法を試行錯誤するようになりました。

【グループで話し合っている様子】

❸思考の質を高めるポイント

既習事項である確率を求めるという部分に加え、日常生活や社会の事象を数学的に処理し、問題を解決することを意識させました。こちらで宝くじを選ぶ際、期待値として大きな差が出なくても、為替や物価、税率などに着目し、数学的に分析することで違いを見つけることのできるようなものにしました。実際に、グループの様子を見ていると求まった期待値を、多角的な視点で分析していました。

【発表している様子】

4 ふりかえり

❶子どもたちのふりかえり

・今まではできる限り「確実」なことだけを選択するのがよいことだと思っていたが，今回の学習で宝くじについて考えてみて，「確率」の面から物事を模索することも大切で，興味深いことだと感じた。

・今まで金額や本数だけでこの宝くじは当たりやすいのかなどを見ていたが，今回期待値を使ってどの宝くじがお得なのかを調べることができた。実際に数値化するだけでなく，国の情勢や為替なども織り入れて発表することができ，しっかり伝えることができた。今回のように，数学で学んだことを実生活に活かすことを自分からできるようにしていこうと思った。

・今回の学習では確率を利用して宝くじの当たる確率がどれだけのものかを調べ，それぞれの宝くじの長所を考えた。宝くじの当たる確率が低いことは何となくわかっていたが，実際に計算をして確率を求めてみると明確になった。今回のように数学で学んだことを実際問題に活かすことで，新たに見えてくるものがあるため，他の教科でも同じように実践できると思った。

❷授業者としてのふりかえり

「宝くじ」を題材にした授業をするにあたり，自分としては面白いテーマではあるがどれくらい生徒たちが目的を持って取り組んでくれるか正直心配でした。しかし，授業を進めていく中でその心配はどんどんと小さくなっていきました。生徒たちが取り組む姿がどんどんと良い方向へ変化していっただけでなく，こちらの考えている以上のものになってきたからです。当初は，情報を整理し，プレゼンテーションをつくる時間を2時間程度で考えていましたが，良くなっていく姿を見ているともう少し探究させたいという気持ちが強くなり，結局4時間確保しました。編集場面で生徒たちから学ばされることも多くありました。マイナスの期待値をいかに打破し，魅力ある内容にするかという部分は，どのグループも本当に悩んでいましたが，それぞれ異なった視点で最適解を導きました。

　この単元後，数学の授業への取り組みが今まで以上に良くなりました。特に，自分たちで考えることが多くなったと感じます。目的を持って課題へ取り組むことが，こんなにも生徒たちの意欲を高め，成長させるのだと再確認することができました。

（佐藤　悠）

12 1年・社会と情報「情報社会と問題解決」

【情報活用型プロジェクト学習　単元デザインシート】

ア．学年・教科：1年・社会と情報

ウ．プロジェクトのミッション
学校の魅力を伝えるプロモーション動画を作ろう

単元目標
　・学校紹介をする立場になった時の施設，組織，活動内容など魅力をアピールする内容をまとめて，課題解決につ
　・撮影した写真や動画データの加工・編集技術などを習得する。

オ．収集「アピールポイントを集めよう」			カ．編集「魅力が伝わるスト

収集

a. 課題づくり

さまざまな高校のプロモーション動画
我が校の〇〇の魅力が伝わる動画を作ろう

収集

f. 観察・実験

施設・行事・部活
スマートフォンで撮影

収集

e. インタビュー

教師・在校生
この学校の魅力

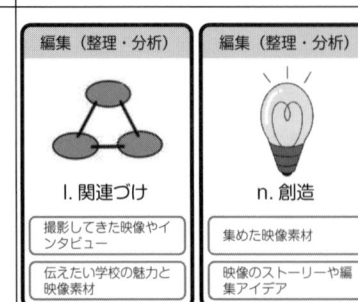

編集（整理・分析）

l. 関連づけ

撮影してきた映像やインタビュー
伝えたい学校の魅力と映像素材

編集（整理・分析）

n. 創造

集めた映像素材
映像のストーリーや編集アイデア

ク．情報活用能力（〇この単元で育成したい　□この単元で発揮してほしい）	
□グループで役割分担して撮影計画を立てる（B7L3） 〇肖像権に配慮して撮影・インタビューする（D2L2）	□撮影した映像素材を組み合わ 〇映像の特性を活かして効果・音

ケ．授業展開・教師の手立て	
・他校の学校紹介動画を見せてミッションを伝える① ・班ごとに紹介したい場所・ポイントを考え，ワークシートに記入する⑤ ・一般のCMや他校の事例を検索・閲覧し，自分たちならではのポイントを追加した案を計画する⑬ ・撮影場所，撮影時間，ナレーションなどを検討し，撮影計画を立てる②④ （　2　）時間	・撮影・録音してきた素材を 共有する⑳ ・計画に従って動画を編集し， 行う㉒㉚ ・字幕・ナレーション・BGM

ルーブリック	S	A
思考	視聴者へのアピールを考えて，情報の軽重や取捨選択を行っている。	班の共通理解をもとに，施設・行事・授業・クラス・課外活動など多様な映像を収集した。
表現	カット割や効果など，現代のCMの特徴を意識した構成や演出の工夫が見られる。	アピールしたい学校の特長に見合った映像を，適切な構成と効果で作品化している。

イ．単元名：「情報社会と問題解決」
エ．期待する成果物 　生徒目線で作成した学校を紹介する動画

いて考える。

―リーを作成しよう」	キ．発信「上映会をしよう」
編集（表現） t. 動画 我が校の○○の魅力 コマ割・カメラワーク・字幕・音楽等の効果	**発信** w. 発表・イベント 他のクラス・教師 クラス内・学内鑑賞会を開催する　／　**発信** z. ふりかえり 評価シート 伝えたいイメージと作品のギャップを埋める試行錯誤から問題解決を学んだ
せてストーリーを考える(B3L2) 楽・テロップ等を工夫する(B5L4)	□作品の内容に責任を持って発表する（D1L2） ○評価シートをもとに改善点を整理する（B8L4）
学校のパソコンに取り込んで 必要があれば追加の撮影を などを動画に追加する⑱	・クラスで鑑賞会を実施し，クラスの代表作品を選ぶ㊲㊳ ・相互にアドバイスし合い，改善点を見つける㉞ ・学内で代表作品の上映会を実施する㉜㊴
（　4　）時間	（　1　）時間

B	C
学校の特長を班で共通理解しているが，それに見合った映像を収集していない。	学校の特長をとらえておらず，必要なシーンを収集できていない。
適切な長さの作品だが，アピールしたい学校の特長に見合った構成や効果ではない。	動画の長さが適切でない。冗長なシーンや意図の読み取れない効果が使われている。

1 授業の実際

❶授業前に準備したこと

　4月の授業で，動画作成について簡単に紹介しておき，各自のスマートフォンなどにイベントや普段の様子を写真や動画に残しておくように指示を出しました。動画作成の授業開始は10月・11月のため，終わってしまったイベントなどの素材が必要になったとしても撮れなくなってしまうためです。さらに絵コンテシートを用意し，チームで作業が進めやすいような状態をつくりました。

❷課題づくり

　学校の紹介動画（3分程度）を制作してもらうことを伝えました。グループ構成は3〜5名で自由に組ませ，作品はただ教室や学内の部屋の紹介をするだけではないように促しました。

　個人の役割をしっかりと認識させ，リーダー役・撮影役・編集役・絵コンテ役など他人任せにしないようにする工夫をしました。視聴者側の気持ち（今回は保護者を想定）を考えて，学校の雰囲気が伝わるような作品に仕上げるように指示を出しました。

【ディスカッションの様子】

❸情報の収集

　インターネットでいろいろな学校の学校紹介動画を見て勉強してもらいました。実際は各自の情報端末で素材を集めにまわるのですが，撮影後の編集を考えて少し長めの撮影や，さまざまな角度から同じものを撮影するなど，編集する際に困らないようにさせました。取材は担当者への許可・交渉もすべてチームで行いました。編集の助けとなるようにCMを見せて，カット数やカメラワークについて研究させました。生徒たちはあまりじっくりとCMを見る機会はなかったようで，1秒もしないうちにコマが切り替わって，驚いていた様子でした。まとめとして，学校のどこをどのように紹介したいのか絵コンテシートにまとめてもらいました。

【素材の編集の様子】

【画像編集画面】

❹情報の編集

　チームで撮りためた素材をコンピュータに取り込み編集に入ります。紹介動画は3分程度と長めなので，2，3秒程度で1シーンが切り替わるように指導しました。ただし，効果的に見せたい場面については長めの時間を設定してもらいました。映像が終了したら次に音楽とナレーションの音量バランスを考えさせ，タイムライン上に貼り付けていきました。インタビューは同じシーンが続くので，例えば音声だけ抜き出して映像は別の場面を流した方がよい，など具体的なアドバイスを行い工夫させました。

❺情報の発信

　完成後，クラス内で鑑賞会を実施し，生徒による投票をしてクラス代表を選出します。次の授業時に各クラス代表を上映し，再度投票を実施します。

❻ふりかえり

　鑑賞会時は生徒たちに投票用紙を配り，クラス代表として実際に保護者に上映するとしたらどれがよいかという観点により投票を行いました。それだけではなく，授業時間では見た作品について良かった点・直した方がもっと良くなる点などを意見し合ってもらいました。

2　探究の実際

❶Aチームの詳細

　学校紹介動画を撮影中のAチームは，男子2名によるチームです。ともにパソコン関係に興味があり，編集などにも興味のある生徒です。このチームは写真だけで紹介していく計画を立てていました。実際に撮り進めていくうちに写真だけだと変化に乏しい，人の動きが表現しにくい箇所が多くなるということに気づき，動画の割合を多くしました。また，本校は2019年度よりコース制になったため，自分たちのコースの紹介，普段の生活などを紹介していました。

❷伝えたいことをしぼり込む

　数多く素材を撮りためていたため，すべて使用すると時間が長くなりすぎることになってしまうため，厳選して紹介することにしたようでした。キリスト教学校として特徴的な礼拝堂や体育館，図書館や食堂などポイントとなる施設での内容を紹介したいと考えていました。

❸素材を再生してみて気づいたこと

　文字による紹介も視野に入れたようですが，感情表現は文字では伝わらないため，自分たちでナレーションを加えるということになりました。パソコンに素材を取り込んでみて再生してみると，スマートフォンのマイクによる録音だと雑音が多く入ってしまうため，作品としてはふさわしくないことがわかり，あとから音声を録音する（アフレコ）に挑戦しました。

　本校の教育目標「自学自律」についての内容を入れることで，どのようなことを大切にしている学校なのかを表現できました。

【学校紹介動画のひとコマ】

3 探究の質を高めるポイント

❶気持ちの質を高めるポイント

　学校紹介動画を一人ではなくグループでよりよい作品に仕上げるためにはどうすればいいかディスカッションすることで議論が生まれ，より積極的になりました。また視聴者を保護者と想定して作ることで気持ちを高めて作業してもらうことができたと思います。

❷活動の質を高めるポイント

　各チームにはそれぞれリーダー役の生徒がいました。リーダーには今回の動画編集作業を中心になって行わないという条件がついていました。全体を統括するために作業はチーム内のメンバー

【協力しながらの作業】

にお願いして，仕事が終わったメンバーがいないか，時間管理やデータ管理などの仕事を担当してもらいました。他のメンバーはリーダーが決めた内容について従い，任務を遂行しました。

　動画の中に取り入れる内容を整理するために絵コンテシートを活用しました。その日の気分で撮影をしたのでは良い作品にはならないので，チーム内で場所と位置と長さを決めてから撮影現場に向かうように指導しました。

❸思考の質を高めるポイント

　問題解決の流れとして，『理想的な状態を考える→問題の発見と明確化→解決策を検討する

→問題解決の実践→問題解決の評価』という流れを紹介しました*。生徒たちには，理想的な状態に近づけてもらうために他校の学校紹介例や，テレビCMの話をしました。その状態から自分たちがすべて素材を集めて作るという課題に対して問題点を絵コンテシートに書いて進めてもらいました。まず自分たちの学校のことを知るということをしないと完成しないため，チームで連携して完成イメージを共有しながら進めていきました。

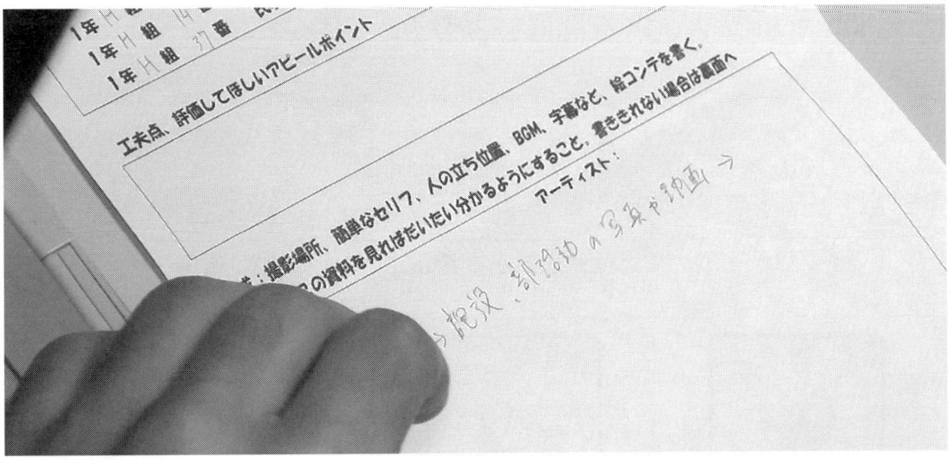

【絵コンテシート】

4 ふりかえり

❶子どもたちのふりかえり

・動画の構成が大変だったけど，出来た時の感動があった。
・初めて使うアプリも慣れなかったが調べながら進めることができた。
・だんだん熱が入ってきて編集に夢中になった。
・カメラワークがうまくいかなかったけど，先輩に教えてもらって解決した。
・どうやるかわからない時の解決方法を調べることができた。
・チームを引っ張るのは大変だったけど，やりがいがあった。
・最初の構成とまったく異なるものが出来上がった（予想を大きく上回った）。

❷授業者としてのふりかえり

　今回の単元では，「学校紹介動画を作ろう」というテーマで授業を行いました。見せる相手の印象を考慮して，紹介動画を作ることは難しかったのではないかと思いますが，チームワークで生徒たちはこちらの想定を上回る作品を作ってくれました。しかし，作業途中でアドバイスを少し入れてしまったことがあったため，そのような助言がなくても進められるような授業を構築していきたいと考えました。

(河田拓朗)

参考）＊:『新・社会と情報（平成29年版）』日本文教出版，p.131

13　2年・現代社会「平等権の保障」

【情報活用型プロジェクト学習　単元デザインシート】

ア．学年・教科：2年・現代社会

ウ．プロジェクトのミッション 　富士見 Diversity Week を開催しよう！

単元目標
- ・マイノリティの困難の背景にある日本社会の課題を明らかにする。
- ・平等や差別をめぐる基本的な概念（機会の平等，結果の平等，ユニバーサルデザイン等）を理解する。

オ．収集「マイノリティをめぐる社会課題を調査しよう」	カ．編集「社会課題を解決す う」
 a. 課題づくり 日本が30人の教室だったら LGBTQの課題解決につながるコトバを探そう 収集 b. 図書 LGBTQに関して選んだ図書，新聞等の資料 LGBTQ，SOGI	編集（整理・分析）  I. 関連づけ LGBTQの困難について LGBTQの困難に関わる主体（人や組織）の影響

ク．情報活用能力　（○この単元で育成したい　□この単元で発揮してほしい）	
□データベースの使い方（A4L4） ○情報収集のためのキーワードを工夫する（A4）	□信頼性の高い情報を選ぶ ○問題を多角的な視点でとら

ケ．授業展開・教師の手立て	
・「日本が30人の教室だったら」という例から日本社会の多様性を示す① ・富士見 Diversity Week（人権について「気づき」「考える」校内キャンペーン）の説明③ ・図書，新聞等を読みマイノリティ（「障害者」「在日コリアン」「LGBTQ」「アイヌ」「同和地区出身者」「無戸籍者」）と出会い，テーマを選ぶ② ・マイノリティをめぐる社会課題を明らかにするために，複数の資料から信頼性の高い情報を収集し，情報カードにメモする⑪⑫⑬　　　　　　　　　　　　　　　（　3　）時間	・収集した情報から，マイノ 困難に関わる人や組織の存在 わっているのかマッピングす ・マップをもとに，社会課題 くる㉒㉖

ルーブリック	S	A
思考	マイノリティに関する日本社会の課題を指摘し，課題解決について提案している。	マイノリティが抱える困難の背景にある日本社会の課題（法整備や報道等）を説明できる。
表現	適切な文字，デザインの工夫に加え，見る人の関心や思考を促す言葉を用いている。	適切な文字を使った上で，多くの人の目にとまるよう，配置や色などを工夫している。

イ．単元名：「平等権の保障」

エ．期待する成果物
　マイノリティをめぐる社会課題を明らかにするコトバカードの展示

るためのコトバを見つけよ	キ．発信「富士見 Diversity Week を開催しよう」

編集（表現）	発信	発信
r. ポスター・パンフレット	x. 展示・公開	z. ふりかえり
LGBTQ の社会課題を解決するコトバ	校内の生徒・教師	他のグループからのコメント
同年代の生徒に伝わる，当事者の存在を意識	校舎の中心位置に展示	誤った知識や偏見が問題を生む（差別の本質）

（B1L3） え，解決の方向を探る（B3L3）	□他者の作品を尊重する（D2L1） ○発信者としての責任を持つ（D1L2）
リティ（LGBTQ）が抱える を明らかにし，どのように関 る⑳㉔㉕ を解決するコトバカードをつ	・コトバカードを生徒同士で見合い，付せんを使ってフィードバックする㊲㊳ ・ルーブリックで自己評価し，今回のプロジェクト学習を通じて学んだこと，変化したことを記述する㉝㊷
（　2　）時間	（　1　）時間

B	C
マイノリティが，どんな時，どんなことがあって，何に困っているのか説明できる。	マイノリティが，どんな時，どんなことがあって，何に困っているのか説明できない。
誤字・脱字がなく，読める字で書いている。	誤字・脱字が多く，読めない字で書いている。

1 授業の実際

❶授業前に準備したこと

　マイノリティ（当事者）に関する資料を幅広く収集し，近隣の区立図書館を利用して複本も用意しました。成果物の表現・発信方法については，展覧会などからヒントを得ました。また，実際に生徒と同じ活動をして，展示する例をつくりました。

❷課題づくり

　「日本が30人の教室だったら」と日本社会を教室のクラスに例え，その多様性を示しました。そして，誰にとっても生きやすい社会をつくるために，社会課題を明らかにし，全校に発信するキャンペーンの開催を伝えました。

❸情報の収集

　4人グループで「障害者」「在日コリアン」「LGBTQ」「アイヌ」「同和地区出身者」「無戸籍者」からテーマを選ばせ，マイノリティの困難を知るための複数の資料を読ませました。その後，「マイノリティの困難の背景にはどのような日本社会の課題があるのか」を探るため，学校図書館で情報収集させました。

❹情報の編集

　行政やマスメディア，学校など，マイノリティの困難に関わる主体を4つ挙げさせ，どのように関わっているのかを整理させました。整理した情報から，伝えたいことは何かを考えさせ，コトバカードを作成させました。

❺情報の発信

　コトバカード（A5サイズ×2枚 or A6サイズ×4枚を選ぶ）を他学年の生徒や教師に向けて校内に展示しました。

❻ふりかえり

　「伝えたいことは何か」「読み手にマイノリティやその関係者もいることを考えているか」「偏見やステレオタイプを強めるものになっていないか」の3つの観点から，他のグループと比較しながらコトバカードを再検討させました。最後にルーブリックでプロジェクトのふりかえりをさせました。

2 探究の実際

❶グループで LGBTQ の困難の背景にある社会課題を探る

　LGBTQ をテーマに選んだグループは，知っているつもりで知らなかったことがたくさんあることに気がつき，あれも調べたい，これも調べたい，という気持ちが高まりました。しかし，教師の「何のために調べているの？」という声掛けで，社会課題を明らかにするという目的を思い出し，今調べるべきことは何かを改めて4人で話し合って情報収集をしました。

❷偏見が生まれる原因をとことん考える

　収集した情報を，LGBTQの困難に関わる人や組織の視点で整理し直し，マイノリティの生きづらさは他者との関わりから生じていることに改めて気がつきました。その後，なぜ偏見が生まれるのかを４人で対話し続け，知る機会の不足とマスメディアなどの情報発信者の知識・理解不足を社会課題として，コトバカードをつくりました。

❸他のグループとフィードバックし合い，新たに気づく

　他のグループの，性別にこだわる必要はない，といった内容のコトバカードを見て，最初は特に問題ないと考えました。しかし，教師の「マイノリティの苦しみを軽くとらえているとも読めるのでは？」という指摘で，マイノリティへの配慮について多角的に考えるようになりました。また他のグループからのフィードバックで，自分たちの意図が伝わっていないことに気がつきました。こうした気づきを踏まえ，コトバカードをグループで再検討し，新たにつくり直しました。

【展示されたコトバカード】

3　探究の質を高めるポイント

❶気持ちの質を高めるポイント

　マイノリティを知るために読ませる資料は，図書，新聞，雑誌，ウェブを組み合わせ，１テーマにつき４種類以上をグループの人数分用意しました。資料は，マイノリティの困っている

状況が皮膚感覚で伝わり，「こんなことに困難を感じている人がいるのか」と知り，「なぜこんなことが起きているのか」を考えさせるものにしました。

❷活動の質を高めるポイント

　知識の浅い中で，玉石混淆なウェブからの情報収集は困難を極めます。そこで，テーマをさらに詳しく知る手掛かりとなるブックリストをつくりました。OPAC（Online Public Access Catalog：蔵書目録）だけを頼らずに，図書の分類番号からも関連資料を探せるようにしました。

　調べること，調べてわかったこと，調べた資料を1枚に書く「情報カード」も用意しました。やみくもに資料を探して読むのではなく，自分が何を調べるのか意識させることができました。また，グループでわかったことを共有したり，収集した情報を編集したりする時にも役立ちました。

❸思考の質を高めるポイント

　情報収集に夢中になると，自分たちのゴールを見失うことがあります。そこで，プロジェクトの全体を示す図と教師の個々のグループへの声掛けで，生徒自身が気づけるようにしました。

　また，情報収集から編集の時に，マイノリティの困難に関わる主体を4つ書き込むチャートを用意しました。これにより，自分たちが調べてわかったことを共有するということと，不足する情報はないかを検討することにも役立ちました。

【情報を編集するためのチャート】

4 ふりかえり

❶子どもたちのふりかえり

　生徒は毎時間の自分の学びを記録しており，それをもとにプロジェクト全体を振り返りました。生徒の記述から，大きく３つの成果があったことがわかりました。

　１つ目は，無知の知の自覚です。多くの生徒が「知らないことや考えたことがないようなことがたくさんあることに気がついた。」「当事者の存在は教科書に載っていたので知った気になっていたが，実際はすごくうすっぺらく学んでいた。」と記述しました。

　２つ目は，差別問題の本質に迫ったことです。「最初は多くの人に知られていないからその問題が良い方向に向かわない，と考えたが，情報収集などを通じて，多くの人が間違った知識や少ない知識しか持っていないから問題に発展しているのだと考えた。」「ただ差別しなければ良い，という考えでは不十分であり，私たちが日頃何気なく使う言葉や態度がマイノリティを傷つけ，権利を侵害している可能性がある。」といった記述が見られました。

　最後に，試行錯誤することの大切さと，伝えることの難しさを学んだことです。「コトバカードは，読む人に関心をもってもらい，かつ当事者へ配慮を欠いたものにならないようにするためすごく考えたが，そうなっているか心配」と多くの生徒が振り返りました。

❷授業者としてのふりかえり

　本授業の最大の成果は，生徒自身が知識の必要性を感じ，多様な人々が生きやすい社会について真剣に考えたことです。生徒は情報収集と対話を繰り返し，知識を獲得しながら自分たちで深く思考する経験をしました。単元デザインの重要性を強く感じるとともに，以前から取り組んでいた哲学対話が活かされたと思います。

　一方で，成果物のコトバカードは，他のグループからの２回のフィードバックを経て完成させたにも関わらず，ステレオタイプを強めてしまうなど問題のあるものもかなりありました。複数の教師で検討し，最終的に展示したのは６分の１程度です。再度修正するためにもう１時間あるとよいと思いますが，生徒が問題に気づくための仕掛けをデザインすることが今後の課題です。

　なお，授業外活動として，人を本に見立てて本と読者が対話する「ヒューマンライブラリー」の参加を呼びかけ，14名が参加しました。また，展示されなかったコトバカードをもとに対話をする会を開催し，５名の生徒が「どこが問題なのか」「どのように発信すべきか」を改めて深く考えました。

（三浦佳奈・宗　愛子）

14　3年・化学基礎「物質量と化学反応式」

【情報活用型プロジェクト学習　単元デザインシート】

ア．学年・教科：3年・化学基礎

ウ．プロジェクトのミッション
二酸化炭素排出量を40%削減した生活を定量的に提案しよう

単元目標
・日常生活の中でも，変化量等を定量的に見る際には物質量を使って考えることができることを理解すること。
・定量的に物事（問題）を考えることの必要性や重要性を理解すること。

オ．収集「気温上昇の原因を探ろう」

収集

a. 課題づくり

| 温暖化を地球規模から地域まで示す |
| 気仙沼市での気温上昇をどう抑制？ |

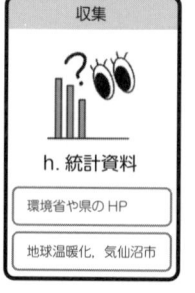

収集

h. 統計資料

| 環境省や県のHP |
| 地球温暖化，気仙沼市 |

収集

c. ウェブ

| 二酸化炭素排出量 |
| 具体量や他地域との比較。目標値 |

カ．編集「データをもとにシ

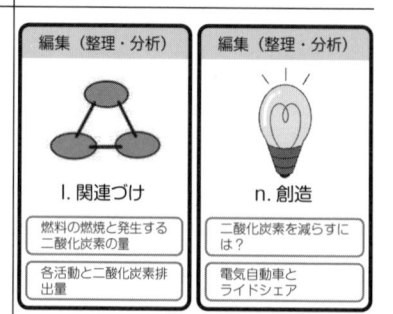

編集（整理・分析）

l. 関連づけ

| 燃料の燃焼と発生する二酸化炭素の量 |
| 各活動と二酸化炭素排出量 |

編集（整理・分析）

n. 創造

| 二酸化炭素を減らすには？ |
| 電気自動車とライドシェア |

ク．情報活用能力（○この単元で育成したい　□この単元で発揮してほしい）

□信頼性を加味した検索（A3L4）
○数値の背景や関連活動を読み取る（B2L4）

□伝えたいことをスライドに
○アイデアのメリット・デメ

ケ．授業展開・教師の手立て

・環境問題の紹介①
・世界の中の気仙沼を実感させる
・環境問題を考える上で，定量的に考えることの大切さを伝える
・少人数班の編成（3〜6名）
・物質量で考えられる情報を選択することが難しいので，設定した課題を与える⑪⑬

（　1〜2　）時間

・ワークシート㉔
・具体量を考えざるをえない
・二酸化炭素排出係数を求め
・定量的に対策を考えさせる
例：我が家の車が電気自動車
排出量がいくら減って…など

ルーブリック	S	A
思考	算出したCO_2排出量を根拠に目標を設定し，自分事として現実的な提案をしている。	物質量や化学反応の考え方を用いてCO_2排出量を導き，実行可能な提案をしている。
表現	・資料でグラフや写真等を効果的に活用している。 ・聴衆とのやりとりなどの工夫がある。	・聴衆の理解を促す資料の見た目・構成である。 ・声の抑揚など話し方を工夫している。

イ．単元名：「物質量と化学反応式」
エ．期待する成果物 　卒業後の生活を想定してまとめたプレゼンテーション

ミュレーションしよう」	キ．発信「解決策を環境課の人に伝えよう」

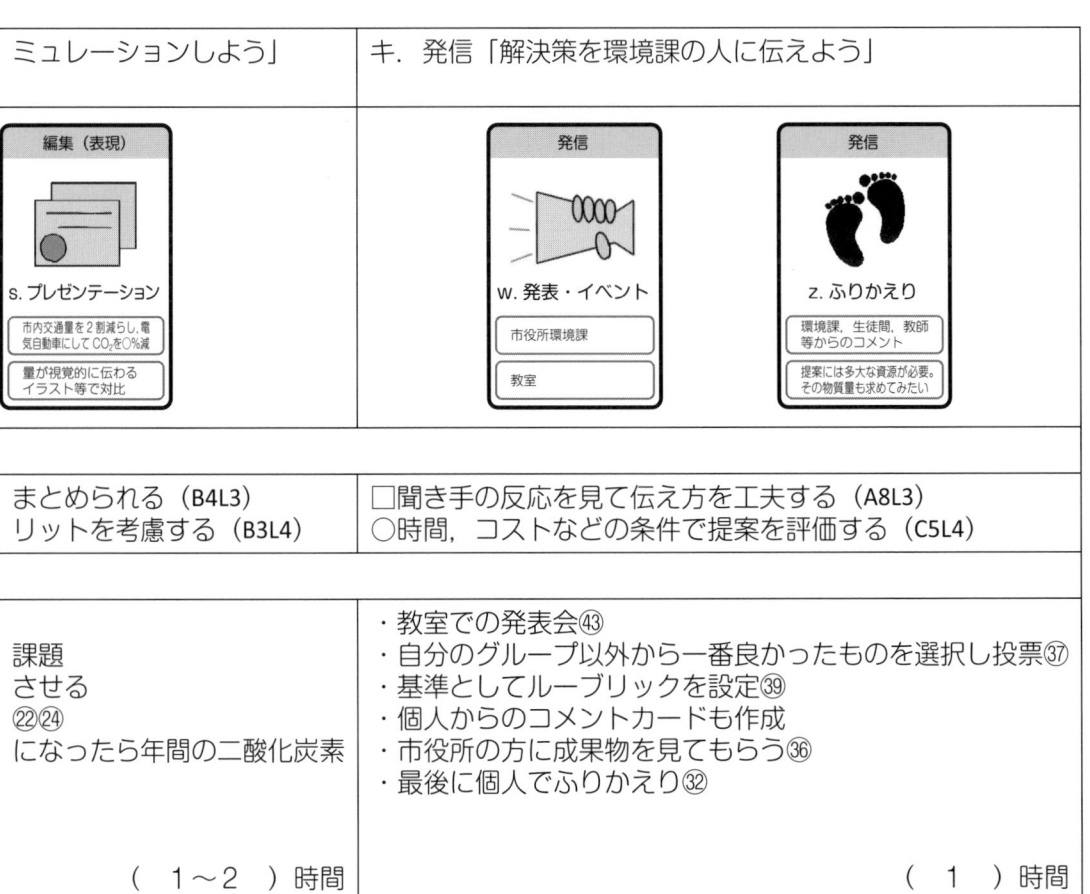

まとめられる（B4L3） リットを考慮する（B3L4）	□聞き手の反応を見て伝え方を工夫する（A8L3） ○時間，コストなどの条件で提案を評価する（C5L4）
課題 させる ㉒㉔ になったら年間の二酸化炭素	・教室での発表会㊸ ・自分のグループ以外から一番良かったものを選択し投票㊲ ・基準としてルーブリックを設定㊴ ・個人からのコメントカードも作成 ・市役所の方に成果物を見てもらう㊱ ・最後に個人でふりかえり㉜
（　1〜2　）時間	（　1　）時間

B	C
物質量や化学反応の考え方を用いて CO_2 排出量を導いたが，現実的な提案ではない。	物質量や化学反応と量的関係の考え方を用いず，非現実的なシミュレーションをしている。
・資料の見た目，内容構成に不十分な点がある。 ・聴衆を見て発表している。	・資料の見た目，内容構成が意識されていない。 ・小さな声で聴衆を見ずに発表している。

1 授業の実際

❶授業前に準備したこと

　「地球温暖化」という世界規模の問題をより身近な問題であることを実感させるべく講義を行いました。まずは，2019年９月23日国連気候行動サミットでのスウェーデンの環境活動家グレタ・トゥーンベリさんによるスピーチ動画を見せることで，同年代の少女が真剣に問題と向き合っていることを知ってもらいました。また，世界および日本の温室効果ガス排出量の現状と今後の気温上昇予測[1]や，対策をとらなかった場合21世紀末での気仙沼市の年平均気温が５度以上上昇すること[2]を知ることで，身近で深刻な問題であることを実感させました。

❷課題づくり

　日本は国連気候変動枠組条約事務局に，「2030年までに温室効果ガス2013年度比26％削減」の約束草案を提出し，その達成に向け，家庭では2013年度比約40％の削減を目指しています。達成するためには自分たちの生活行動をどのように変えるべきかを気仙沼市が発表したような地球温暖化対策率先行動計画を具体的に作成するよう課題を定めました。その際，実感を持ち今後の行動につなげられるよう各班で１つの具体的な卒業後の生活を想定させました。右の写真がその一例です。

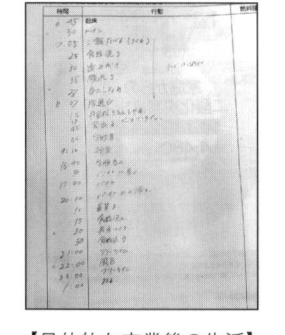

【具体的な卒業後の生活】

❸情報の収集

　化学反応式と量的関係の考え方を活用し，燃料の燃焼により発生する二酸化炭素量を求めることで，二酸化炭素排出量係数を定めさせました。また，各電化製品の使用電力量や調理等に必要なガス等，必要な情報を収集させるため各班１つの iPad を活用させました。

【CO_2排出量係数を求める】

❹情報の編集

　40％削減に向け，班で想定した生活の中で無駄な行動を指摘し合い，二酸化炭素排出量が減少するよう行動を変えるなど対策を講じた生活を考えさせました。そしてそれぞれの生活ごとに二酸化炭素排出量を求めさせ，対策を講じる前の生活に比べてどれだけ二酸化炭素排出量が減らせたのかを定量的に求めさせました。その際，年間の二酸化炭素排出量か一日あたりの二酸化炭素排出量かを班ごとに定めさせ，考えやすい方で求めてよいことにしました。

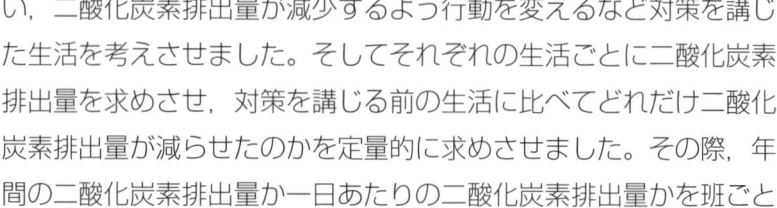

【iPad での検索】

　発表会に向けてそれらの情報をスライドにまとめさせました。班でどのような生活を想定したのか，二酸化炭素排出量を減らすためにとった対策はどのようなものか，それによってどれだけ二酸化炭素排出量を減らせたのかの３点を必ず明記させました。また他者に伝わるよう図・イラスト・グラフ・表等を効果的に活用するよう指導しました。

❺情報の発信

　発表会当日は気仙沼市の環境課の方をお呼びし，市でも行っている取組の中からのアドバイスや講評をいただきました。市でも電化製品の使用により排出される二酸化炭素量の削減も考えているそうです。そのためにこまめに消灯するなどの些細な行動が大切であること，それだけではなく電気を調達する際に二酸化炭素排出量係数の小さい小売電気事業者を選択することも必要であることを教えてくださいました。

❻ふりかえり

　各班の発表や市の環境課の方のお話等から，感じたことや気づいたことを書き出させ班内で共有させました。

2　探究の実際

❶具体的な生活を想定する

　４名の女子からなる班は，卒業後，県外の専門学校へ進学し，寮生活をすることを想定していました。季節や授業の有無によっても一日の二酸化炭素排出量が変わることに気づき，季節を冬，授業のある平日と条件を設定しました。普段の生活の様子から，どんな燃料種を使用する製品をどれくらいの時間使うのか，その生活に合わせて想定していきました。その際，特に電化製品をたくさん使っていることに気づきました。

❷二酸化炭素排出量を求める

　まずはジグソー法により４名の生徒が燃料種別（ガス・灯油・ガソリン・電気）に分かれ，他班のメンバーと協力して二酸化炭素排出量係数を求めました。しかしこの班では，各燃料種の二酸化炭素排出量係数を求めたものの特に使用量の多い電気のみにしぼることにしました。普段の生活の様子から想定される電化製品を使用した際の二酸化炭素排出量を求めました。実際に現在販売されている炊飯器，エアコン，テレビ等をインターネットで調べ，使用する製品を決め，商品情報に記載されている使用電力と求めた二酸化炭素排出量係数をもとに計算した結果，4.83kg／日となりました。

❸対策を講じた後の生活および具体的な対策と削減できる二酸化炭素量を求める

　対策を考える際に，電化製品の比較を行いました。蛍光灯よりもLEDの方が使用電力が少ないことに気づきました。また，使用時間を減らすことも考えました。さらに，インターネットで省エネの方法を調べたところ，エアコンや充電器の使用法を変えるだけで十分に使用する電気量を抑えられることがわかりました。その結果，二酸化炭素排出量が1.80kg／日となりました。

❹まとめ

　iPadにあるアプリ「Keynote」を使い，具体的な生活と二酸化炭素排出量，対策等を発表用にスライドにまとめました。スライドの最後に参考資料のURLを記載しました。

一日の生活~朝~

6:05	起床前	→炊飯器 90分 (保温込み)	
6:45	起床	→電気・エアコン 120分付けっ放し	
6:50	トイレ		
7:05	朝食	→電子レンジ 10分	
7:25	食器洗い		
7:30	歯磨き		
7:35	洗顔	→テレビ 60分付けっ放し	
7:37	身支度	→ヘアアイロン 10分	
8:07	脱選び		
8:12	弁当準備		
8:17	フリータイム		
8:45	出発		

~夜~

20:10	帰宅	→電気・エアコン 300分付けっ放し	
20:15	食器洗い	テレビ 180分付けっ放し	
20:20	弁当作り	→電子レンジ 10分	
20:50	食器洗い		
21:00	フリータイム		
22:00	風呂		
23:00	フリータイム	→充電器 120分	
1:00	就寝		

改善した点

・炊飯器→保温せずに、炊き上がったらすぐつめる
・電気→蛍光灯からLEDに変更
・テレビ→朝:60分から10分に短縮
　　　　夜:180分から
・エアコン→オンオフを頻繁にしない
　　　　　部屋の温度と設定温度を同じにする
・電子レンジ→冷凍食品は自然解凍できる物を選ぶ
・充電器→機内モードに設定して時間短縮

【作成したスライドの一部】

3 探究の質を高めるポイント

❶気持ちの質を高めるポイント

　地球温暖化という地球規模の問題を身近な問題としてとらえられるよう，世界的な話題から日本の話題，宮城県の話題，気仙沼市の話題とスケールを徐々に小さくして，世界の問題を自分たちの課題として考えられるよう講義を行いました。また，気仙沼市が作成した地球温暖化対策率先行動計画を参考にしたことから，気仙沼市環境課の方に向けて「私たちの地球温暖化対策率先行動計画」を発表することにしました。

❷活動の質を高めるポイント

　本校の生徒の多くは卒業後，県内外へ進学し気仙沼市外で一人暮らしをします。ジブンゴトとしてこの問題をとらえ，今後の生活をどのようにすれば地球温暖化対策に貢献できるのかを知り実行してもらえるよう，卒業後の暮らしを具体的に想定させました。大学のパンフレット等には実際に学生の一日の生活が記載されていることもあります。それを参考にしながら自分の性格やいつもの行動をもとに考えさせました。その後，数人のグループで改善策を考えることによって無駄を指摘し合うことができたようです。

　また，使用する製品を実際に販売されているものの中から想定させる際に，各班に与えたiPadを活用させました。インターネットで製品を検索し，機能や性能等を比較することでより現実味が湧き具体的な思考につなげられたのではないかと思います。

❸思考の質を高めるポイント

　二酸化炭素排出量係数を求めさせる際には，燃料の燃焼を示す化学反応式を書かせ，発生する二酸化炭素量を求めさせました。その際，難しい課題であったので考えのヒントとなる情報は与えられるよう穴埋め式のプリントを作成し活用させました。また，一人で求めることは大変であると判断したため，全員が４つの燃料種別に分かれて協力し合い求めることができるようにジグソー法を取り入れました。

　発表のためスライドにまとめる際には，聞き手を意識することが大切であることを伝えました。特に市環境課の方は発表会で初めて各班の詳しい活動を知ることになります。そのため，必ずスライドに盛り込む情報を提示し，それ以外は自由に必要な情報や図・イラスト等を入れ

てもよいことを伝え作成させました。

4 ふりかえり

❶子どもたちのふりかえり

・普段生活の中で排出される二酸化炭素量を kg に直すと，すごい量になることが実感を持って理解できた。

・活動する前は，自分の生活を少し変えただけで二酸化炭素の排出量はそこまで変わらないだろうと思っていた。しかし，自分の生活を見直してみて，少しずつ無駄な電力消費を抑えることで，こんなにも排出量を削減できることに驚いた。

・製品によって二酸化炭素の排出量が異なるということがわかったので，電化製品を買う時はそういう視点で物を見ることも大切だと思った。

・この授業後，スマホの充電をする時は機内モードにしたり，テレビは見ない時は消すようにしたりと，普段の生活の中で電気に対して意識することが多くなりました。

・他の班の解決法を聞いて，自分にはない視点が多かった。

❷授業者としてのふりかえり

　今回この単元を選んだ理由は，化学基礎の単元の中で生徒にとって最も実生活に結びつきづらいところだったからです。しかし，身の回りで起こっている化学反応はすべて量的関係に従っています。また，近年地球温暖化は深刻さを増していますが，世界的なスケールの大きい問題と感じられており，ジブンゴトとしてとらえられている人は少ないのではないでしょうか。生徒たちにはこの問題を定量的に考えさせることで，物質量も地球温暖化も身近な考え，問題になってほしいという思いからこの実践を考えました。

　実際に実践を行ってみて思ったことは，6時間では足りないということです。当初の予定では5時間で実践を行う予定でしたが，二酸化炭素排出量係数を求める物質量を使った計算で思ったよりも時間がかかってしまいました。短時間で行うためには，この実践に入る前に類似問題を解かせるなどして，計算に習熟させておくことも必要だったのかもしれません。また，短期間の型に従った実践となりましたが，長期間行えるのであれば二酸化炭素排出量の求め方から調べさせ，対策も燃料の燃焼に関わるものだけでなく，もっと幅の広いものにできたのではないかと思います。

　しかし，生徒たちのふりかえりにもあるように，地球温暖化を定量的に考えさせたことで，普段の生活で排出される二酸化炭素量が思ったよりも多かったこと，ささいな対策や心掛けで排出量を抑えることでできることを実感できたようで，この実践での大きな目的は達成されたのではないかと感じています。

(髙橋　唯)

＊1 「令和元年版環境白書・循環型社会白書・生物多様性白書」環境省
＊2 「宮城県地球温暖化対策実行計画」宮城県

15　3年・時事英語「英語による郷土紹介」

【情報活用型プロジェクト学習　単元デザインシート】

ア．学年・教科：3年・時事英語

ウ．プロジェクトのミッション 　宮城県のことを英語で外国人に伝えよう

単元目標
- ・宮城県の自然，産物，文化・教育等について学び，現在自分たちが生活する郷土が持つ魅力について，他県や他
- ・宮城県を訪れる外国人の立場から必要とされる宮城県の情報を取捨選択し，その情報を適切な英語で表現・発信

オ．収集「宮城県の情報を集めよう」			カ．編集「宮城県を紹介する

収集

a. 課題づくり

「宮城県の特徴」とは？

みやぎの食文化を伝えたい！

収集

b. 図書

観光，郷土史，グルメなどの図書資料

宮城県のグルメ，食文化，歴史等

収集

c. ウェブ

宮城県観光課やレストラン，名産品のHP等

みやぎうまいもの，外国人向け，名物

編集（整理・分析）

k. 比較

みやぎの食に関するオススメ情報

外国人の視点でみやぎの自然や歴史を感じられる

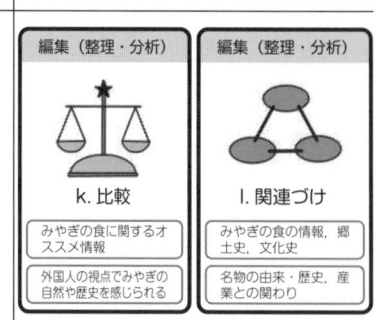

編集（整理・分析）

l. 関連づけ

みやぎの食の情報，郷土史，文化史

名物の由来・歴史，産業との関わり

ク．情報活用能力（○この単元で育成したい　□この単元で発揮してほしい）

□宮城県が紹介された本から情報を探す（A4L3） ○郷土史やデータなどの資料から県の特徴を掴む（A4L4）	□信頼性の高い情報を選ぶ ○外国人訪問客の視点に立っ

ケ．授業展開・教師の手立て

・「みやぎ・仙台　日本一！百選」（宮城県経済商工観光部富県宮城推進室編集・発行）を参考に，発信すべきみやぎの情報を確認する① ・「外国人訪問客へみやぎの情報を伝える」ことについて，どんな情報をどのような手段で伝えるか個人で考え，その後グループで検討する⑥ ・書籍やウェブ検索を通じて，自分が関心を持ったみやぎの情報を個人で収集し，グループで共有する④⑳ （　2　）時間	・収集した情報をフィッシュ外国人訪問客の視点から，発㉓㉕ ・しぼり込んだ情報を，外国に英語で表現する⑱ ・リーフレットはPCで作うに地図や写真などの資料を

ルーブ リック	S	A
思考	外国人訪問客がリーフレットをきっかけに，他の情報にどうアクセスするかを考慮している。	他県や他国と比較した宮城県ならではの特徴から，外国人訪問客に有用な情報を選んでいる。
表現	正しい英文に加え，写真等の補助資料等を活用し，見やすく理解しやすい紙面を作成できた。	正しい英文を十分な量で書いている。リーフレットに作成上の意図や工夫が反映されている。

イ．単元名：「英語による郷土紹介」

エ．期待する成果物

　宮城県についての情報を掲載したリーフレット

国と比較する視点を持ちながら深く理解する。
する。

リーフレットを作ろう」	キ．発信「作ったリーフレットを発表しよう」
	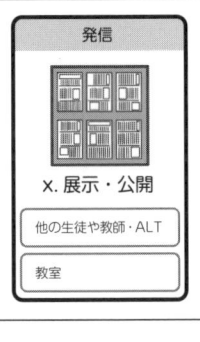 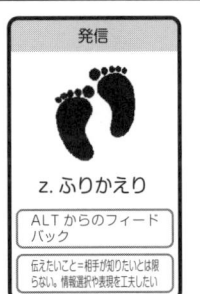

| (B1L3) | □リーフレットを見せながら工夫点を紹介する（A8L2） |
| て情報を取捨選択する(B6L3) | ○ ALT のコメントをもとにリーフレットを改善する（B8L3） |

| ボーン図で分類・関連づけし，信すべき情報を取捨選択する

人訪問客にわかりやすいよう

成し，情報を理解しやすいようつける㉚

（　4　）時間 | ・リーフレット作成の意図や工夫した点などを他の生徒や教師に対して発表する㊳
・ALT から外国人の視点でリーフレットについての感想をもらい，生徒にフィードバックする㊱㊲
・作成したリーフレットを実際に配付するためにはどうすればよいか考える㉞
・活動全体を個人で振り返る㉝㊷

（　3　）時間 |

B	C
宮城県の特徴を言語化したが，他県や他国との比較がない。情報の取捨選択・構成が不十分である。	郷土である宮城県の特徴（産物，歴史，文化）をとらえ，言語化することができていない。
英文に間違いや量の不足がある。リーフレットから作成の意図や工夫が読み取れない。	伝えたいことを正しく英文にできていない。自分の好みや経験を書くだけで終わっている。

1 授業の実際

❶授業前に準備したこと

2019年4月に宮城県経済商工観光部から発行された宮城県を紹介する冊子「みやぎ・仙台日本一！百選」*を生徒に読ませることで宮城県に対する関心と理解を深めるきっかけづくりを行いました。

❷課題づくり

冊子を読んで知った「みやぎの意外な情報」や「自分が関心を持った情報」「どんな人にその情報を伝えたいか」について，生徒にフィッシュボーンチャートを使って考えを整理して意見を交換させました。その結果，外国人訪問客に向けて情報を発信したいことや，自分たちで英語リーフレットを作成することなどの考えがまとまり，この授業の課題「みやぎの情報を外国人訪問客に発信しよう」とその具体的な方法「英語リーフレットを作成しよう」が決まりました。

❸情報の収集

出典の確かな情報を集める経験を積ませるため，学校図書館司書の先生の協力を得て，図書館で宮城県の地誌やガイドブック等の書籍を使って情報を収集させました。インターネットでのウェブ検索は家で行い，関心を持った情報について授業中に司書の先生に相談しながら書籍で詳しく調べる，という流れで情報を集めさせました。

❹情報の編集

集めた情報をリーフレットの形に構成した原稿を作成させました。机上に全員の原稿を並べて，他の生徒の原稿を見て回り，気づいた点を付せんに書いて原稿に貼り付けていく「ギャラリー・ウォーク」の活動を行いました。

【活動の様子】　　　　　　　　　【ギャラリー・ウォークの様子】

❺情報の発信

　他の生徒からのコメントや，ALT からのフィードバックをもとに原稿を修正し，パソコンを使ってレイアウトし，写真等を加えてリーフレットにまとめていきました。リーフレットの工夫した点などを作成者が発表し，ALT が外国人の立場から感想・コメントを与えました。さらに修正を加えて完成させることができました。

❻ふりかえり

　一連の活動を通して自分たちが何を考え，どう工夫してきたかなどについて「収集」「編集」「発信」の３つの大項目の中に合計で10の小項目を作ったふりかえりシートを用意しました。「Ａとてもよくできた」「Ｂできた」「Ｃあまりできなかった」の３段階で自己評価をさせました。ふりかえりシートには自由記述の欄も設け，授業の感想を文章で書かせました。

2　探究の実際

❶「松島」をテーマに探究する

　Ｔさんは「みやぎ・仙台　日本一！百選」を読みながら「発信すべきみやぎの情報」について考えました。

　同時に，自分の住む町が東日本大震災で大きな被害を受けた場所であったため，そのことも発信したいと考えました。

❷伝えたいことをしぼり込む

　外国人訪問客に伝えるべき情報とその方法について，他の生徒と一緒に思いつくことを付せんに記入し，列挙していくブレインストーミングを行いました。活動を行う中で，「みやぎの良いところ」と「震災」を同時に紹介する方法として，日本三景の１つであり震災で被害を受けた「松島」を題材にしようと考えました。その後，図書館で観光ガイドや宮城県に関する書籍を読んで瑞巌寺や観光船など松島の観光名所についての情報や，震災当時の様子などについて詳しく調べていきました。

❸ギャラリー・ウォークや ALT からのコメントで新たに気づく

　それまでは英語でどう説明するかということばかり考えていましたが，他の生徒や ALT の先生からのコメントで，写真や地図を入れた方が効果的に内容を伝えられることや，客観的な文章を書く大事さに気がつきました。

❹リーフレットの作成

　原稿やコメントを参考に，パソコンを使ってリーフレットを作成しました。英語の表現のわかりやすさだけでなく，必要な情報が見やすく配置されているかなど，構成についても工夫しました。

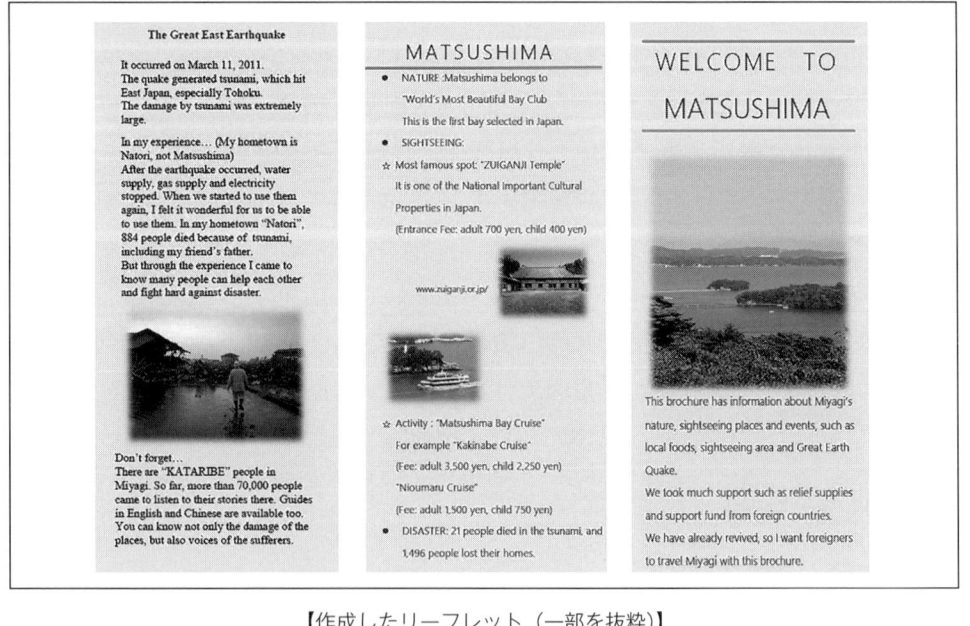

【作成したリーフレット（一部を抜粋）】

3 探究の質を高めるポイント

❶気持ちの質を高めるポイント

「誰に」「どんな方法で」「何を」発信するのかをできるだけ具体的に考えさせるようにしました。その際，最初から実現不可能なアイデアだと否定的な反応をするのではなく，生徒が少し大げさなアイデアを出しても一緒に面白がって取り上げることを心掛けました。生徒自身が活動を面白いと感じるかどうかは，探究活動を成功させる大きなポイントだと感じます。

❷活動の質を高めるポイント

3年の「時事英語」は ALT とのティーム・ティーチングで授業を行っているため，外国人がどんな情報を必要としているかということや，英語での表現については常にフィードバックが得られる環境になっていました。プロジェクト中は基本的に授業内のやりとりは英語で行ったので，生徒たちはリーフレットの文章を英語で作成することにも比較的抵抗なく取り組むことができたようです。

❸思考の質を高めるポイント

一般的にリーフレットは，ページを見る順番が決まっています。各ページに載せる情報の順番などについて生徒に教えるためにフォーマット（書式）を与えました。「決まりごとがある部分ではその決まりごとを教え，アイデアが必要な部分では自由に発想・発言させる」ことを意識して授業を行いました。

また，ギャラリー・ウォーク等の活動を行うことで，生徒たちには自分の作成したものが他の人の目にはどう見えるのか，客観的に考える機会をできるだけ多く与えました。

4　ふりかえり

❶子どもたちのふりかえり

　ふりかえりシートに記入させた結果，全員がすべての項目で概ねAかBの評価となり，生徒には達成の満足度の高い活動になったようです。

　また，上の評価と同時に行わせた自由記述では次のような感想が寄せられました。

・身近なことでも英語で説明するとなると難しいと思いました。私は宮城の食品について調べてリーフレットを作ったのですが，一つひとつの情報をしぼるのが大変でした。外国人の視点からどのような情報が欲しいのかを考えたら，今までは自分中心の文の作り方になっていたことに初めて気づくことができました。

・英語の授業だけでなく情報の授業もできた気分です。とても難しかったですが，「英語で発信する側」になって，いかに表現やレイアウトが難しいのかを身をもって体験できました。自分の好きなことを英語で調べることが楽しかったし，自分がどれだけ日本的な英語に浸っているかがわかりました。これから英語を勉強していく上で，意欲的に情報を英語で取り入れるよう心掛けていきたいと思います。

・自分の知ってほしい情報と相手に伝えやすい情報の間にギャップがあってなかなか英語で表現することができなくて，苦戦しました。

・地元宮城について英語で発信するのはなかなか難しく感じました。伝えたいことを英語で表現するには，やはり単語力がまだまだ足りていないと感じました。しかし，今回のプロジェクトで，英語を学ぶのみでなく，利用できるようになれてよかったです。

・日本語ではうまくまとめられても，それを英語で表現するのに苦労することが多かった。しかし，初めてこのように英語でリーフレットづくりをしたことはとてもいい経験になった。出来上がったいまでは，すぐにでも外国人の方に手にとってもらいたい。

❷授業者としてのふりかえり

　今回のプロジェクトでは「自分たちの郷土の情報を外国人訪問客に発信すること」をミッションに授業を行いました。「何を目的として英語で表現するのか」を意識させることで，生徒の英語に取り組む姿勢が大きく変わることを改めて実感しました。また，ALTや図書館司書の先生にもご協力いただくことで，授業の内容にさらに深みが増したと感じます。

　いろいろと準備した一方で，生徒を「教師側からのきっかけ待ちで英語を使う」姿勢にさせてはいないかというのは気をつけたい点でした。今後，より補助を減らし，生徒が自主的に動く機会を増やすような授業プランを心掛けていきたいと考えています。

（作間偉也）

＊宮城県経済商工観光部富県宮城推進室編集・発行「みやぎ・仙台　日本一！百選」

情報活用型プロジェクト

ア．学年・教科：

ウ．プロジェクトのミッション（児童・生徒がめざすこと・目的・願い）

オ．収集（ 　　　　　　　　　　　　　　　　　）	カ．編集（
課題づくりと収集カード	整理・分析と 表現のカード

ク．情報活用能力（○この単元で育成したい　□この単元で発揮してほしい）

□ ○	□ ○

ケ．授業展開・教師の手立て

（　　　）時間

学習　単元デザインシート

イ．単元名：
エ．期待する成果物（どんな内容をどんな表現手段で？）

）	キ．発信（　　　　　　　　　　　　　　　　　）
	発信とふりかえりのカード
	□ ○
（　　）時間	（　　）時間

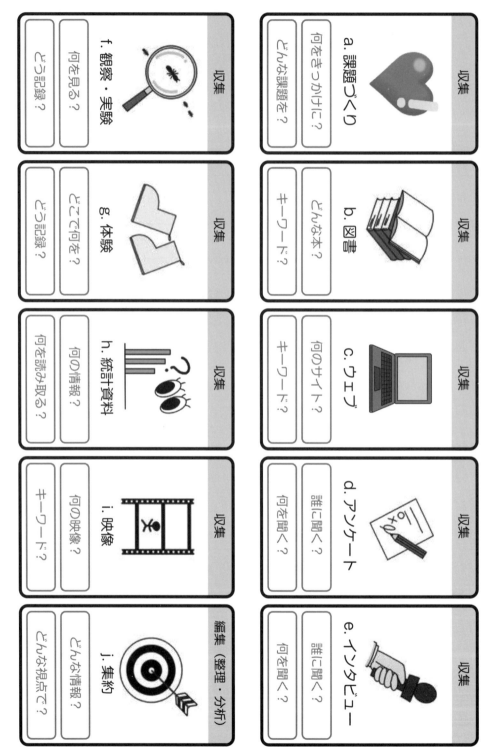

収集

a. 課題づくり
- 何をきっかけに?
- どんな課題を?

収集

b. 図書
- どんな本?
- キーワード?

収集

c. ウェブ
- 何のサイト?
- キーワード?

収集

d. アンケート
- 誰に聞く?
- 何を聞く?

収集

e. インタビュー
- 誰に聞く?
- 何を聞く?

収集

f. 観察・実験
- 何を見る?
- どう記録?

収集

g. 体験
- どこで何を?
- どう記録?

収集

h. 統計資料
- 何の情報?
- 何を読み取る?

収集

i. 映像
- 何の映像?
- キーワード?

編集（整理・分析）

j. 集約
- どんな情報?
- どんな視点で?

資料2　学習活動カード　（A4サイズに拡大して使用。各単元ウェブサイトからダウンロードできます。）

a. 課題づくり

〈きっかけ〉
体験・ゲスト・映像
先輩・プロの成果物
ミッションの解決
〈課題例〉
仮説の見通し
学びの見通し
B7 学習計画

b. 図書

〈探す〉
図書の種類
分類法
データベース
〈読む〉
目次・索引
拾い読み・探し読み
A4 図書利用
A7 メモ
B1 取捨選択
B2 読み取り
D2 法と権利

c. ウェブ

〈検索〉
キーワード
検索機能
サイトの種類
〈判断〉
信頼性・新しさ
出典
A3 ウェブ検索
A7 メモ
B1 取捨選択
B2 読み取り
D2 法と権利

d. アンケート

〈質問づくり〉
設問の種類・選択肢
設問の文章表現
設問の順番
〈実施〉
配布・回収方法
集計作業
A2 PCの操作
A6 アンケート
B6 受け手の意識
D6 個人情報

e. インタビュー

〈準備〉
対象・事前調査
質問づくり
〈実施〉
挨拶・進め方
メモ
質問を重ねる
A1 記録と編集
A5 インタビュー
A7 メモ
D2 法と権利
D6 個人情報

f. 観察・実験

〈計画〉
対象
条件
手順や方法
〈記録〉
写真・映像を撮る
メモ
A1 記録と編集
A7 メモ
B7 学習計画
B8 評価と改善
C4 問題解決の手順

g. 体験

〈活動〉
五感
視点・観点
企画・実施
〈記録〉
写真・映像を撮る
メモ
A1 記録と編集
A7 メモ
B7 学習計画
B8 評価と改善

h. 統計資料

〈資料〉
信頼性・新しさ
出典
〈読み取り〉
傾向・変化
判断
A2 PCの操作
A3 ウェブ検索
B2 読み取り
C6 データの傾向

i. 映像

〈検索〉
キーワード
出典・信頼性
〈視聴〉
キーワード
シーン
構成・表現
A2 PCの操作
A3 ウェブ検索
B1 取捨選択
B2 読み取り

j. 集約

〈取捨選択〉
判断の根拠
信頼性
〈引用・要約〉
価値判断
出典
キーワード
B1 取捨選択
B2 読み取り
C1 物事の分解
C2 情報の分類
D2 法と権利

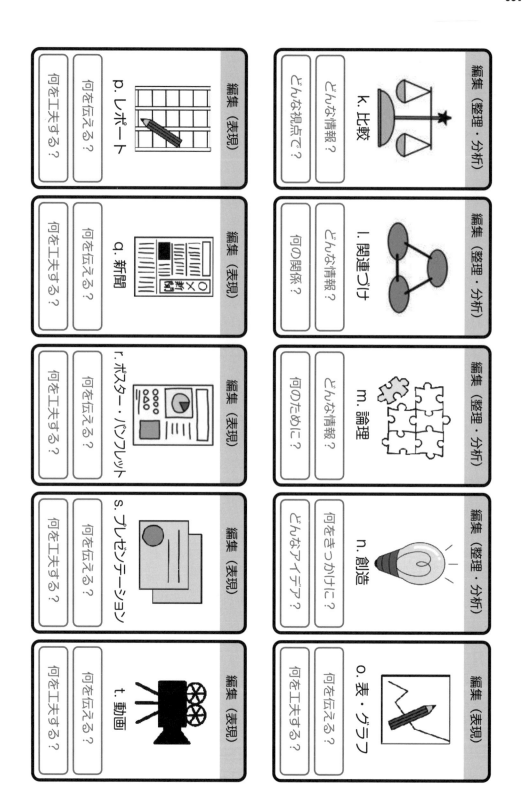

k. 比較

〈視点〉
共通点・相違点
多面的に見る
欠けている情報
〈ツール〉
表・ベン図

B2 読み取り
B3 創造
C2 情報の分類
C6 データの傾向

l. 関連づけ

〈関係性〉
部分と全体
原因と結果
階層・相互的
〈ツール〉
コンセプトマップ
KJ法

B2 読み取り
B3 創造
C1 物事の分解
C2 情報の分類
C3 情報の関係づけ

m. 論理

〈構成〉
主張と根拠
主張・反論
論理の飛躍・矛盾
〈ツール〉
ステップチャート
バタフライチャート

B3 創造
B4 伝達内容の構成
C3 情報の関係づけ
C4 問題解決の手順

n. 創造

〈アイデア例〉
ありそうな解決策
根拠・きっかけ
時間・予算等の制約
〈ツール〉
イメージマップ
整理して抜けを探す

B3 創造
B8 評価と改善
C5 試行錯誤

o. 表・グラフ

〈データ処理〉
整理・集約
統計処理
〈表・グラフ〉
列と行
グラフの種類
単位・目盛り

B4 伝達内容の構成
B5 表現の工夫
B6 受け手の意識
C2 情報の分類
C6 データの傾向

p. レポート

〈文章構成〉
事実と意見
段落構成
論理表現
〈体裁〉
誤字・脱字
レイアウト

B1 取捨選択
B4 伝達内容の構成
B5 表現の工夫
B6 受け手の意識
D2 法と権利

q. 新聞

〈記事の作成〉
事実と意見
5W1H
客観性
〈体裁〉
見出し・写真
記事の配置

B1 取捨選択
B4 伝達内容の構成
B5 表現の工夫
B6 受け手の意識
D2 法と権利

r. ポスター・パンフレット

〈メッセージ〉
キャッチコピー
相手意識
〈デザイン〉
情報量
レイアウト
色彩

B1 取捨選択
B4 伝達内容の構成
B5 表現の工夫
B6 受け手の意識
D2 法と権利

s. プレゼンテーション

〈構成〉
スライドの構成
スライドの順序
相手意識
〈デザイン〉
レイアウト
図や写真

B1 取捨選択
B4 伝達内容の構成
B5 表現の工夫
B6 受け手の意識
D2 法と権利

t. 動画

〈構成〉
シーンの構成
テロップ
ナレーション
相手意識
〈効果〉
音・BGM
タイトル

B1 取捨選択
B4 伝達内容の構成
B5 表現の工夫
B6 受け手の意識
D2 法と権利

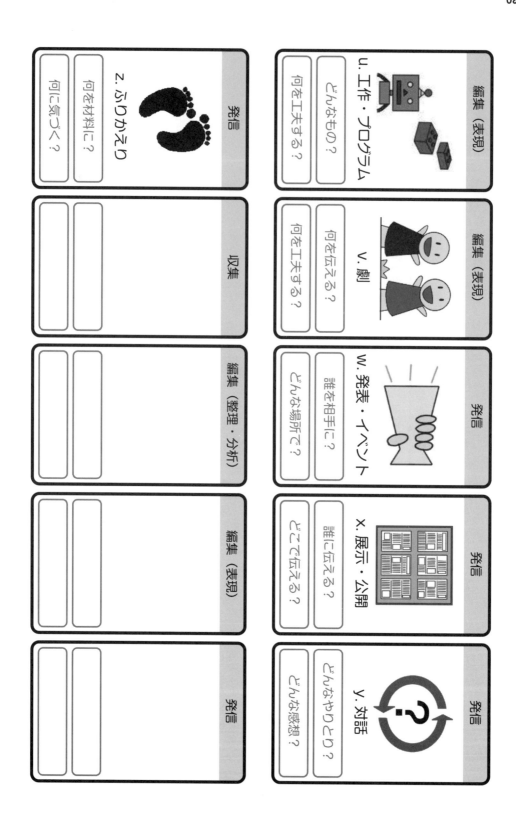

編集（表現）　u.工作・プログラム
- どんなもの？
- 何を工夫する？

編集（表現）　v.劇
- 何を伝える？
- 何を工夫する？

発信　w.発表・イベント
- 誰を相手に？
- どんな場所で？

発信　x.展示・公開
- 誰に伝える？
- どこで伝える？

発信　y.対話
- どんなやりとり？
- どんな感想？

発信　z.ふりかえり
- 何を材料に？
- 何に気づく？

収集

編集（整理・分析）

編集（表現）

発信

u. 工作・プログラム

〈設計〉
目的・ニーズ
コスト・時間
構想・試作
〈制作〉
手順・アルゴリズム
道具・環境

C5 試行錯誤
C4 問題解決の手順
C3 情報の関係づけ
C1 物事の分解
B8 評価と改善

v. 劇

〈脚本〉
配役
シーン分け
メッセージ
〈演出〉
音・BGM
舞台

B6 受け手の意識
B5 表現の工夫
B4 伝達内容の構成

w. 発表・イベント

〈伝達〉
声の大きさ・速さ
抑揚・間・やりとり
〈場づくり〉
リアルな相手
空間・道具・機器
進行・広報

D2 法と権利
D1 コミュニケーション
B6 受け手の意識
B4 伝達内容の構成
A8 口頭発表

x. 展示・公開

〈環境〉
空間・期間
紙・実物・デジタル
〈深まり〉
相手意識
フィードバック手段
表彰・価値づけ

B8 評価と改善
B6 受け手の意識
B4 伝達内容の構成

y. 対話

〈目的〉
共通理解
自他の意見の整理
新たなアイデア
〈ツール〉
メモ・付せん
ホワイトボード

D1 コミュニケーション
B8 評価と改善
B6 受け手の意識
B3 創造
A7 メモ

z. ふりかえり

〈材料〉
他者からのコメント
他の人/班の考え
自分のふりかえり
〈深まり〉
考えを統合する問い
今後につなげる問い

B7 学習計画
B8 評価と改善
C5 試行錯誤

あとがき

　突然の休校要請，ソーシャルディスタンス，オンライン授業，分散登校。2020年度の学校現場は，経験したことがないほどの混乱の中，はじまりました。本書で紹介している事例はいずれも2019年度の実践です。子どもたちが額を合わせて話し合い，校内や地域の方に自分たちのアイデアを伝えようと奮闘する姿を見てきました。「アフターコロナ」あるいは「ウィズコロナ」の世界で，こうした姿に再び出会えるのかどうか，誰にもわかりません。

　筆者の大学では，5月の連休明けから遠隔授業をはじめました。授業の動画を配信したり，ビデオ会議でゼミをしたりしています。全国の小学校から高等学校でも，ICT 環境のギャップに悩みながらも，同様の取組が進められています。講義の代わりに動画を，問題集の代わりにドリルアプリを，対面の議論の代わりにビデオ会議を。動画なら途中で止めたり，繰り返し見たりして理解を深められます。ドリルアプリは自動採点され，学習者に最適な問題がレコメンドされます。ビデオ会議なら，遠く離れた人とも一緒に議論ができます。「代替手段」にしかないメリットもあるのです。こうした挑戦を続けることも「未知の状況にも対応できる思考力・判断力・表現力」が試されていると言えるかもしれません。

　それでも，何かが抜け落ちている感覚があります。本書で紹介した事例を代替手段で置き換えることを想像してみましょう。あさがおの種をどう届けるかビデオ会議で話し合う，アイデアノートをデジタルポートフォリオにアップしてアドバイスし合う，CO_2削減アイデアのスライドをクラウドで協働編集するなど，出来ないことではないでしょう。代替手段どころか，改善手段になる可能性もあります。それでもやはり，なのです。この災禍が過ぎた後，整備が進むであろう ICT 環境とオンライン教材の中で，あらためて授業の役割が問われます。失った時間を取り戻すために，詰め込み授業や問題演習の繰り返しばかりになるのであれば，授業動画やドリルアプリの方が良かったと言われるだけでしょう。対面で語り合い，協働し，社会とつながるプロジェクトは，子どもたちが学校に集まって学ぶ意義に正面から答える学びだと確信しています。個人差に合わせること，家庭でもできることへの支援の充実とあわせて，子どもたちの多様な興味・関心に応えるプチ PBL を提案する手掛かりに，本書のメソッドと事例が役立てば幸いです。

　さて，本書の執筆にあたっては，事例を提供いただいた先生方はもとより，多くの方々のご協力をいただきました。宮城県総合教育センター指導主事の岡田康佑先生には，事例を報告された先生方のサポート・ご指導いただきました。七尾市立山王小学校校長（当時）の八崎和美先生，仙台市立錦ケ丘小学校校長の菅原弘一先生には，本書執筆のきっかけになった「情報活用型授業を深める会」を含め，ご指導いただいています。

　「準備編」は，共同研究の成果が含まれています。新潟大学の後藤康志先生にはルーブリックについて，和歌山大学の豊田充崇先生には情報教育の面から，鳴門教育大学の泰山裕先生には探究学習の面からアドバイスいただきました。また，東北学院大学教養学部の松本章代先生とは，ルーブリックバンクの開発をゼミ生の佐藤翼さん，高橋一貴さん，鎌田湧暉さん，福村拓也さんとともに進めてきました。学習活動カードのアイコンデザインは，教養学部人間科学科教育学実験実習室スタッフ（当時）の齋藤愛さんによるものです。

　本書の内容は，各地で実施してきた教員研修・ワークショップでお伝えしてきたことを出来る限り盛り込んでいます。研修プログラムの企画・実施にあたっては，独立行政法人教職員支援機構をはじめ，各地の教育委員会，教育センターのみなさまにお世話になりました。公益財団法人国際文化フォーラムの室中直美さんには，カードを使った研修の構想段階からワークショップの運営まで，幅広くご協力いただいております。

　最後に，明治図書出版の木山麻衣子さんには，リモートワークになっても励ましいただき，本書の完成まで導いてくださったこと，感謝申し上げます。

2020年6月

稲垣　忠

参考文献

- デシ，E. L. ＆フラスト，R.（桜井茂男訳）（1999）人を伸ばす力―内発と自立のすすめ，新曜社
- 水越敏行（1975）発見学習の研究，明治図書出版
- IDC（2018）Data age 2025:The digitization of the world from edge to core, https://www.seagate.com/files/www-content/our-story/trends/files/idc-seagate-dataage-whitepaper.pdf
- 外務省領事局政策課（2019）海外在留邦人数調査統計　令和元年版
- 法務省出入国在留管理庁（2020）令和元年末現在における在留外国人数について
- 厚生労働省（2019）平成30年（2018）人口動態統計（確定数）の概況
- 山口周（2019）ニュータイプの時代　新時代を生き抜く24の思考・行動様式，ダイヤモンド社
- Think the Earth（2018）未来を変える目標 SDGs アイデアブック，紀伊国屋書店
- グラットン，L. ＆スコット，A.（池村千秋訳）（2016）LIFE SHIFT―100年時代の人生戦略，東洋経済社
- 文部科学省（2017）小学校学習指導要領（平成29年改訂）
- OECD（2018）OECD Future of Education and Skills 2030, https://www.oecd.org/education/2030-project/
- Dewey, J.（植田清次訳）（1951）思考の方法，春秋社
- Kuhlthau, C. C. et al.（2007）Guided Inquiry: Learning in the 21st Century, Libraries Unlimited
- 塩谷京子（2014）探究的な学習を支える情報活用スキル―つかむ・さがす・えらぶ・まとめる，全国学校図書館協議会
- Kilpatrick, W. H.（市村尚久訳）（1967）プロジェクト法，明玄書房
- Wagner, T. & Dintersmith, T.（2015）Most Likely to Succeed: Preparing Our Kids for the Innovation Era, Scribner
- 上杉賢士（2010）プロジェクト・ベース学習の実践ガイド―「総合的な学習」を支援する教師のスキル，明治図書出版
- 文部科学省（2018）高等学校学習指導要領（平成30年改訂）
- 稲垣忠（2019）教育の方法と技術～主体的・対話的で深い学びをつくるインストラクショナルデザイン，北大路書房
- ジャスパー・ウ（2019）実践　スタンフォード式　デザイン思考　世界一クリエイティブな問題解決，インプレス
- Wiggins, G. & McTighe, J.（西岡加名恵訳）（2012）理解をもたらすカリキュラム設計―「逆向き設計」の理論と方法，日本標準
- Keller, J. M.（鈴木克明監訳）（2010）学習意欲をデザインする：ARCS モデルによるインストラクショナルデザイン，北大路書房
- Christodoulou, D.（松本佳穂子，ホーン・ベバリー監訳）（2019）７つの神話との決別―21世紀の教育に向けたイングランドからの提言，東海大学出版部
- Berger, R.（2014）Leaders of Their Own Learning: Transforming Schools Through Student-Engaged Assessment, Jossey-Bass
- 文部科学省（2019）教育の情報化に関する手引
- 黒上晴夫（2019）シンキングツールを学ぶ，LoiLo
- ファデル，C.,ビアリック，M. ＆ トリリング，B.（岸学監訳）（2016）21世紀の学習者と教育の４つの次元　知識，スキル，人間性，そしてメタ学習，北大路書房
- 伊藤崇達（2009）自己調整学習の成立課程―学習方略と動機づけの役割，北大路書房
- Zimmerman, B. J. & Schunk, D. H.（塚野州一編訳）（2006）自己調整学習の理論，北大路書房
- 仙台市教育センター（2019）平成30年度　教育の情報化研究委員会活動報告書，http://www.sendai-c.ed.jp/04kenkyu/02jyouho/01johokyouiku/h28/h30jyohorifu.pdf

【執筆者紹介】（執筆順，所属先は執筆当時）

稲垣　忠 （東北学院大学教授）

安田杏奈 （石川県七尾市立山王小学校）

石井里枝 （宮城県仙台市立錦ケ丘小学校）

金　洋太 （宮城県登米市立佐沼小学校）

鈴木裕介 （東京都世田谷区立用賀小学校）

垣見里紗 （愛知県名古屋市立中島小学校）

高橋慶行 （東北学院中学校高等学校）

高田　誠 （岡山大学教育学部附属中学校）

木村浩之 （宮城県東松島市立鳴瀬未来中学校）

齋藤　純 （宮城県仙台市立広瀬中学校）

矢﨑ひさ （宮城県栗原市立栗駒中学校）

佐藤　悠 （東北学院中学校高等学校）

河田拓朗 （東北学院榴ヶ岡高等学校）

三浦佳奈 （山崎学園富士見中学校高等学校）

宗　愛子 （山崎学園富士見中学校高等学校）

髙橋　唯 （宮城県気仙沼高等学校）

作間偉也 （宮城県仙台向山高等学校）

【編著者紹介】

稲垣　忠（いながき　ただし）
東北学院大学文学部教育学科・教授　博士（情報学）
■職歴
東北学院大学教養学部講師を経て，2018年より現職。
■外部委員など
文部科学省「教育の情報化に関する手引」委員，同「デジタル
教科書の効果・影響等に関する実証研究」委員，同「ICT活
用教育アドバイザー」企画評価委員会委員，経済産業省「未来
の教室実証事業」教育コーチ等

■著書
・堀田龍也・為田裕行・稲垣忠ほか（2020）「学校アップデー
ト―情報化に対応した整備のための手引き」，さくら社
・稲垣忠編著（2019）「教育の方法と技術〜主体的・対話的で
深い学びをつくるインストラクショナルデザイン」，北大路書
房
・C.M.ライゲルース＆J.R.カノップ著，稲垣忠ほか共訳
（2018），「情報時代の学校をデザインする：学習者中心の教育
に変える6つのアイデア」，北大路書房
・稲垣忠・中橋雄編著（2017）「情報教育・情報モラル教育」，
ミネルヴァ書房
・稲垣忠・鈴木克明編著（2015）「授業設計マニュアル Ver.2
教師のためのインストラクショナルデザイン」，北大路書房
・A.コリンズ＆R.ハルバーソン著，稲垣忠編訳（2012）「デ
ジタル社会の学びのかたち：教育とテクノロジの再考」，北大
路書房
・三宅貴久子，稲垣忠，情報モラル授業研究会著（2010）「コ
ミュニケーション力が育つ情報モラルの授業」，ジャストシス
テム
・稲垣忠編著（2004）「学校間交流学習をはじめよう」，三晃書
房

探究する学びをデザインする！
情報活用型プロジェクト学習ガイドブック

2020年8月初版第1刷刊　Ⓒ編著者　稲　垣　　　忠
2023年11月初版第4刷刊　発行者　藤　原　光　政
　　　　　　　　　　　発行所　明治図書出版株式会社
　　　　　　　　　　　　　　　http://www.meijitosho.co.jp
　　　　　　　（企画）木山麻衣子（校正）有海有理
　　　　　　　〒114-0023　東京都北区滝野川7-46-1
　　　　　　　振替00160-5-151318　電話03(5907)6702
　　　　　　　ご注文窓口　電話03(5907)6668
＊検印省略　　　　組版所　藤　原　印　刷　株　式　会　社
本書の無断コピーは，著作権・出版権にふれます。ご注意ください。
Printed in Japan　　　ISBN978-4-18-314314-3
もれなくクーポンがもらえる！読者アンケートはこちらから　→